# Chilenische Küche

## Original Kochrezepte vom längsten Land der Welt

Nariman Zeitun

Die Autorin und der Verlag bedanken sich bei allen, die sie mit Rezepten versorgt haben, damit dieses Buch auf dem deutschsprachigen Markt erscheinen konnte.

1. Auflage 2020

© Copyright 2020 by M. N. Asfahani Verlag / Hamburg
Federal Republic of Germany
Alle Rechte vorbehalten, Nachdruck, auch auszugsweise, sowie Verbreitung durch Film, Funk und Fernsehen, durch fotomechanische Wiedergabe, Internet, Tonträger und Datenverarbeitungssysteme jeder Art, nur mit schriftlicher Genehmigung des Verlages.

Fotos und Bearbeitung: Mohamad Nader Asfahani
Gestaltung, Herstellung und Satz:
Asfahani Verlag
Hausbrucher Straße 54 / D-21147 Hamburg
Federal Republic of Germany
Telefon (AB) 040-7967951 Fax 040-7967955
Email: info@asfahani.de
Internet: www.asfahani.de

978-3-927459-67-0

# Sachregister

## Kurze Informationen



## Vorspeisen und Beilagen

## Suppen



## Fleisch- und Gemüsegerichte



## Geflügelgerichte

## Fischgerichte



## Brot und Teigspeisen

# Kurze Informationen

Annattosamen (wird auch **Achiote oder Achuete** genannt):

1

2

Samen des Annattobaumes. In Pulverform färbt es die Gerichte rötlich und gibt ihnen einen milden Peperonigeschmack.

3

Die Samen müssen, bevor man sie verwendet, in etwas heißem Öl gebraten werden. Zerdrückt kann man sie dann in Gerichten verwenden.

Annattoöl: 2 Esslöffel Annattosamen in einen Topf geben, dann ca. ¼ Liter Öl darüber geben und kochen lassen, bis das Öl anfängt zu brodeln ➞ Topf vom Herd nehmen und kurz beiseitestellen, das Öl bekommt ein rote Farbe ➞ ein Sieb über eine Tasse oder Glas stellen und das Öl durch das Sieb geben ➞ bevor das Glas geschlossen wird, Annattoöl abkühlen lassen.

200 g Annattosamen kosten ca. 4€.

**Acerola:** Süßsaure bis sehr saure 1 bis 3 cm große Kirschen, die nicht mit den üblichen Kirscharten verwandt sind. Diese Sorte wird nicht importiert. Der Import beschränkt sich als Saft zur Herstellung von Speiseeis und Marmelade.

## Akee oder Acke (Aki):

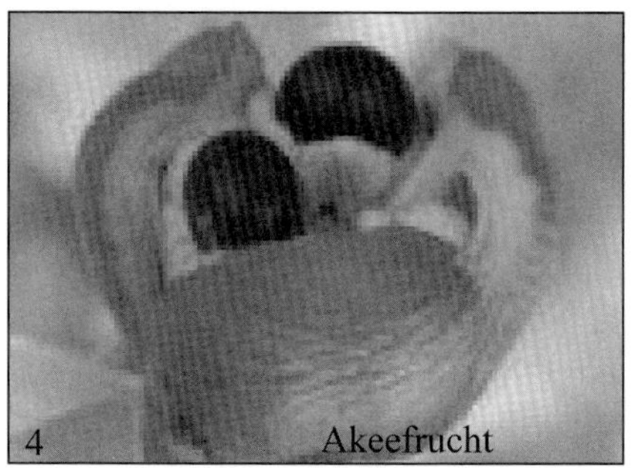
4 Akeefrucht

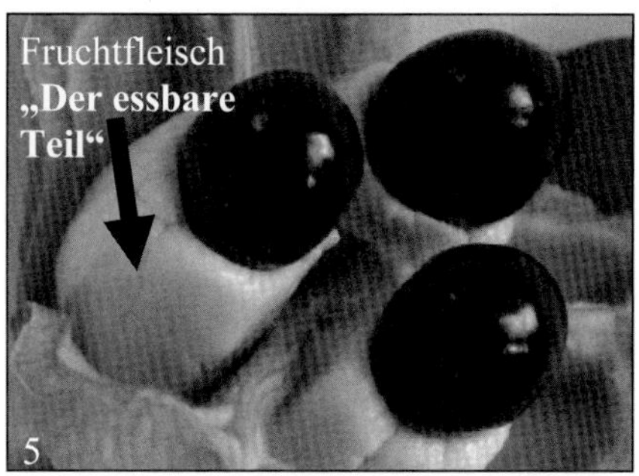

5

Frucht eines immergrünen Baumes, der in den Tropen und Subtropen gedeiht. Die Früchte haben eine gelbrötliche Farbe und schmecken säuerlich (nussartig).
In Deutschland kann der Akee in Dosen gekauft werden. (Dosenpreis ab 6,00€).

**Vorsicht! Unreife und überreife Früchte sind GIFTIG.**

**Achtung!! Bevor man die Akees kocht, sollten die roten Stellen (liegen unter den Samen) und die schwarzen Samen vom Fruchtfleisch entfernt werden.**

Nur offene Früchte verwenden.

## Annonen:

6

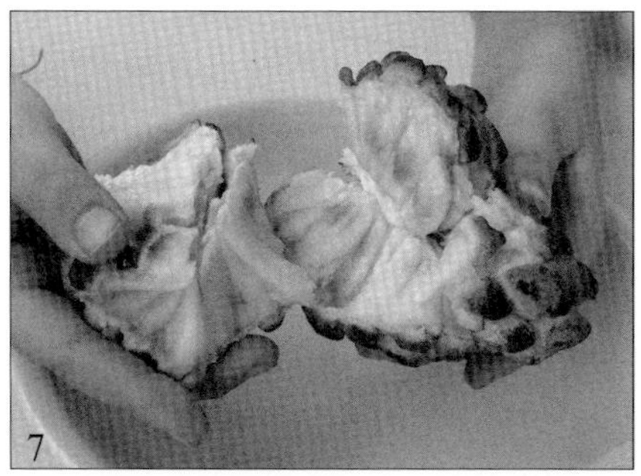
7

Diese Obstsorte (Zitrusfrucht) sieht aus wie Artischocken oder große Beeren und hat keinen einheitlichen Namen. Weltweit gibt es über 100 Sorten von Annonen. In Deutschland gibt es 3 Annonensorten:Netzannonen, Cherimoya (meist importierte Sorte) und Stachelannonen.

## Auberginen (Antroewa):

8

Außer den üblichen Angeboten an dunklen Sorten (ca. 20 Sorten) gibt es weiße, gelbe und grüne runde Auberginen. Diese Sorten werden zu bestimmten Jahreszeiten importiert. Grüne Auberginen werden „afrikanische Auberginen" genannt. In manchen Feinkostgeschäften werden sie auch unter dem Namen *„Antroewa"* angeboten.

## Batate (Süßkartoffeln oder weiße Kartoffeln):

9 Süßkartoffel

Batate werden das ganze Jahr über auf dem deutschen Markt angeboten. Trotzdem ist die Süßkartoffel hierzulande wenig bekannt.

## Baumtomaten:

Baumtomaten werden das ganze Jahr in kleinen Mengen importiert. Außerdem werden die Baumtomaten in Dosen angeboten. Die einzelnen Früchte sind ca. 7 bis 8 cm lang und wiegen 50 bis 60 Gramm. Außer den dunkelroten Sorten, gibt es gelbe und gelbrote Sorten.

Man verwendet die Baumtomaten als Salat, zum Kochen, für Soßen oder sie werden zu Saft oder Marmelade verarbeitet.

## Cassava wird auch Yuca, Maniok, Tapioka oder Gari genannt:

Die Knollen des Cassavas werden als Kochgemüse verwendet (wie Kartoffeln).

Cassava ist das ganze Jahr über auf dem Markt erhältlich.

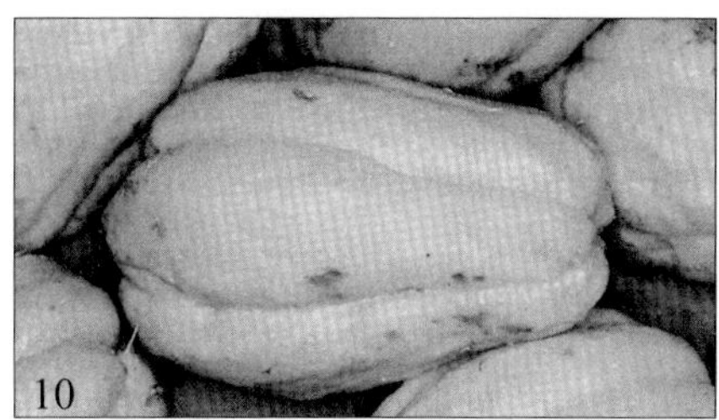
10

**Chayote** (Eierkürbis) auch *Chocho* oder *Christofine* genannt: Eine Chayotefrucht wiegt ca. 250 bis 300 Gramm. Chayotefleisch wird als Salat oder als Kochgemüse gegessen.

## Chili:

In Südostasien und Südamerika verwendet man beim Kochen viel scharfen Chili. Die Rezepte in diesem Buch wurden etwas entschärft, ohne den Charakter der vielen Gerichte zu verändern.

## Wie man mit scharfen Chilis umgeht:

Bevor Sie die Chilis anfassen, ziehen Sie bitte Gummihandschuhe an, damit wird verhindert, dass ätherische Öle Ihnen Hautjucken verursachen. Außerdem berühren Sie nicht Ihre Augen während des Arbeitens mit Chili.

***Chili nur mit kaltem Wasser waschen.*** Heißes Wasser kann bei getrocknetem Chili zu Dämpfen führen, die die Augen und Schleimhäute reizen.

In Jamaica werden die Sorten Habanero und Scotch Bonnet Peper, die sehr scharf sind, zum Kochen verwendet.

**Coco:** sind kleine Knollen mit brauner Schale. Das Fruchtfleisch sieht wie Kartoffelfruchtfleisch aus. Geröstete Coco schmecken sehr gut mit Butter. Außerdem kann man Coco in Scheiben schneiden und in Öl oder Butter braten oder kochen und mit etwas Butter pürieren.

11

**Cochayuyo:** Braunalgen, die in chilenischem Gewässer wachsen, sie können bis zu 10 Meter lang werden.

Die Algen haben einen milden Geschmack, sie werden manchmal roh für Salate verwendet, oder man kocht sie in Hauptgerichten. Vor der

Verwendung müssen die Algen über Nacht in Wasser eingeweicht werden, danach können die Algen für ca. 20 Minuten in Wasser und etwas Zitronensaft gekocht werden.
Einige schälen die Algen, die Schale kann aber mitgegessen werden.
In Europa wird die Cochayuyo meist in Würfeln und in getrockneter Form angeboten.

Flaschenkürbis: Das ganze Jahr über auf dem deutschen Markt erhältlich. Flaschenkürbisse sehen aus wie große Zucchini und haben eine hellgrüne Farbe. Sie werden als Kochgemüse verwendet. Kleine Flaschenkürbisse werden auch weiße Zucchini genannt und haben eine hellgrüne Farbe. Sie werden als Kochgemüse verwendet. Kleine Flaschenkürbisse werden auch türkische Zucchini genannt.

Kokosnuss:
Kokosnüsse gibt es überall in Südostasien, sie werden jeden Tag in der Küche benutzt.
Es gibt sie in 3 Reifeprozessen:

sehr jung
jung
und ziemlich alt

12

Die Kokosnüsse, die Europa erreichen sind alle alt.
Kokosnüsse können so jung sein, dass das Fleisch mit einem Löffel ausgeschabt werden kann.
Das Kokosnusswasser ist süß, schmeckt köstlich und wird in den Ländern, in denen Kokosnuss wächst mit dem zarten Fruchtfleisch, welches auf dem Kokosnusswasser schwimmt, verkauft.
Bei einer etwas älteren Kokosnuss ist das Fruchtfleisch fest genug, um es zu reiben und daraus Kokosnussmilch (Dom) herzustellen. Das kann man mit einer normalen Käsereibe oder Küchenmaschine erledigen.
Grob geriebene, junge Kokosnüsse kann man in manchen

chinesischen oder asiatischen Lebensmittelläden in tiefgefrorener Form kaufen.
Kokosnussmilch oder Creme gibt es auch in Dosen zu kaufen.

## Kokosnussmilch:

Um Kokosnussmilch herstellen zu können, muss man zuerst das weiße Fruchtfleisch raspeln oder reiben.

## Kokosnusspaste herstellen:

### 1. Methode

🖎 Fruchtfleisch einer Kokosnuss reiben ➟ in den Mixaufsatz einer Elektroküchenmaschine geben ➟ 1/4 Liter heißes Wasser darüber geben und mit hoher Geschwindigkeit mixen ➟ einen weiteren 1/4 Liter heißes Wasser dazugeben und weitermixen, bis ein glatter Brei entstanden ist.

### 2. Methode

🖎 Kokosnussfruchtfleisch von Hand reiben (evtl. fertig geriebene Kokosnuss verwenden) ➟ 1/2 Liter heißes Wasser darüber geben ➟ mit einem Schneebesen oder Elektromixer kräftig schlagen.

## Kokosnussmilch herstellen:

☺ Ein Sieb mit einem Küchentuch auslegen ➟ Kokosnussbrei hineingeben ➟ mit einem Löffel kräftig pressen ➟ die Enden des Tuches zusammenhalten und kräftig wringen, damit die restliche Flüssigkeit aus dem Brei heraustropfen kann.

## Aufbewahrung von Kokosnussmilch:

Eine frische Kokosnuss, die man im Supermarkt kauft, ist mindestens einige Wochen alt, aber wenn man sie nicht öffnet, hält sie noch mindestens einen Monat und mehr.
Getrocknete und sahnige Kokosnuss hält sehr lange.
Kokosnussmilch (Dom) hält sich nicht. Kokosnussmilch muss innerhalb von 24 Std. verbraucht werden. Nach der Herstellung kann sie über Nacht im Kühlschrank aufbewahrt werden. Sie kann wie Sahne verdicken, aber schmilzt wieder, wenn sie erhitzt wird.
Gerichte, die mit Kokosnussmilch hergestellt werden und die

im Kühlschrank oder Gefrierschrank aufbewahrt werden sollen, dürfen nur ohne Kokosnussmilch aufbewahrt werden. Kokosnussmilch darf erst kurz vor dem Erhitzen und Servieren dazugegeben werden.

Wenn Kokosnussmilch kaltgestellt wird, setzt sich die Sahne auf der Oberfläche ab. Das kann der Kokosnussmilch nicht schaden.

Die kalte Kokosnussmilch in einem Gefäß, in ein warmes Wasserbad stellen und gut rühren.

## Kokosnussöl:

Da Kokosnussöl schnell ranzig wird und das Gericht ruinieren kann, sollte man beim Kochen Pflanzenöl verwenden.

**Matoke** oder **Plantain:** Grüne Kochbananen werden als Beilagen zu verschiedenen Hauptgerichten serviert. Man kann die Kochbananen auch in Suppen geben oder rösten.

## Okra:

13 Getrocknete Okra

14 Frische Okra

Kochgemüse, das in frischer oder getrockneter Form oder in Dosen angeboten wird.

Die Okra stammt aus Afrika und hat weltweit, als schmeckhaftes Gemüse, die Haushalte erobert.

## Petersilienwurzel:

Gekochte Petersilienwurzel isst man zu Salzfischgerichten. Dazu werden die Wurzeln gekocht und fein gehackt, dann mit Salz, Pfeffer und zerlassener Butter gut vermengt und serviert.

## Yam:

Knollen, die man wie Kartoffeln kochen und essen oder in dünne Scheiben geschnitten, braten und als Beilage zu Hauptgerichten servieren kann.

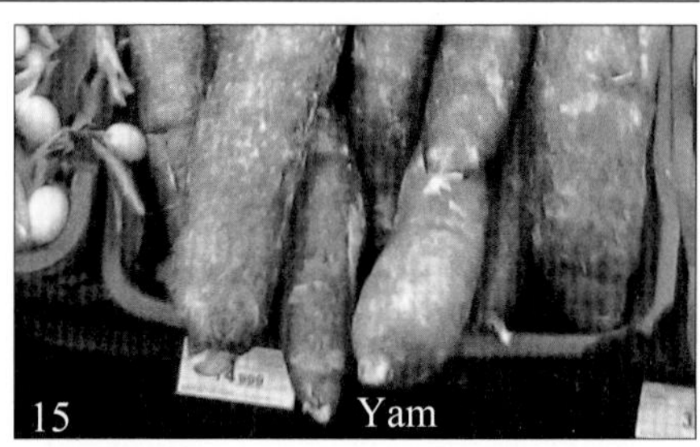
15 Yam

## Arracacha:

Ist eine Yamsorte, die ein besonderes Aroma hat und wie normales Yam zum Kochen verwendet wird.

## Palmölnüsse:

Man bekommt sie bei einigen afrikanischen Lebensmittelhändlern (Afro-Shop).

## Pfeilwurz (Arrowroot):

Wird als Kochgemüse verwendet.

## Tapioka:

Sago aus der Maniokwurzel.

**Taro:** Knollen, reichhaltig an Vitamin C und reich an Stärke.
Die Knollen werden als Gemüse verwendet und als Ersatz für Kartoffeln.
Taro sind fast das ganze Jahr in ausländischen und manchen Supermärkte erhältlich.

16 Taro

## „Unsere Gewürzmischung“ in Pulverform für Gemüse und Fleisch:

Je 1/2 TL Kurkuma, Koriander, Chili, Thymian, Kreuzkümmel, getrockneter Majoran und Petersilie.

# Vorspeisen und Beilagen

## Salate

### Cochayuyo Salat

**Zutaten:**

17

Handvoll Cochayuyo Würfel (sieh Seite 9), in dünne Streifen schneiden
1 Tomate, in kleine Würfel schneiden
1 rote Zwiebel, schälen, halbieren und in feine Streifen schneiden
1 bis 2 Lauchzwiebeln, in feine Scheiben schneiden
1 Esslöffel gehackter Koriander
Salz
Pfeffer
Zitronensaft
Eventuell etwas Olivenöl

**So wird es gemacht:**

☺ Alle Zutaten in eine Servierschüssel geben und gut vermengen, mit Salz, Pfeffer und Zitronensaft abschmecken und servieren.

❁❁❁❁❁❁❁❁❁❁❁

# Zwiebelsalat mit Mais

## Zutaten:

1 Maiskolben, in Salzwasser ca. 15 Minuten kochen lassen. Aus dem Wasser nehmen, abkühlen lassen und mit einem Messer die Maiskörner runterschneiden.

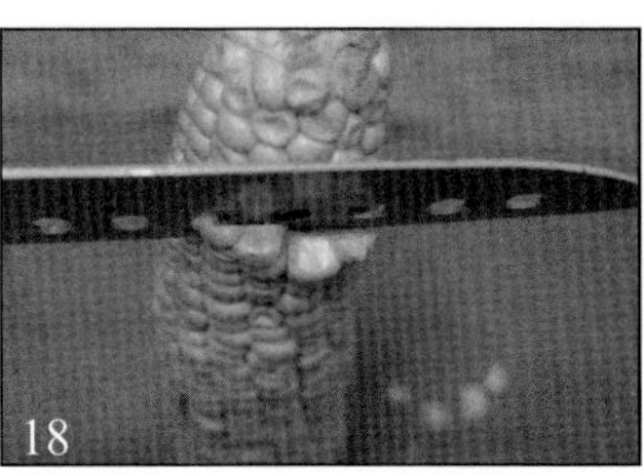

18

Ersatzweise 1 kleine Dose Mais oder tiefgefrorener Mais

9 bis 10 kleine Zwiebeln, schälen

1 große Tomate, in etwas größere Würfel schneiden

Olivenöl

Salz

Pfeffer

## So wird es gemacht:

☺ Die Zwiebeln können in Öl gedünstet oder gegrillt werden. Vorher müssen die Zwiebeln geschält werden:

① Grillen: Die Zwiebeln auf einen Metallspieß stechen und über Holzkohle grillen bis die Zwiebeln weich sind, dann vom Spieß nehmen, in Scheiben schneiden und in eine Servierschale geben.

19

Vermerk:

Man kann die Zwiebeln auch in Alufolie wickeln und bei ca. 180°C für ca. 30 bis 40 Minuten im Backofen garen.

20

21

② In Öl dünsten: Zwiebeln halbieren und in dünne Scheiben schneiden ➟ Öl in einer Pfanne erhitzen, Zwiebeln dazugeben und dünsten bis sie Farbe annehmen, dann auf Küchenpapier geben, damit das überschüssige Öl entfernet wird.
☺ Zwiebeln, Tomaten, Mais und etwas Olivenöl in eine Schale geben und gut vermengen, mit Salz und Pfeffer abschmecken und zu Hauptgerichten servieren.

❁❁❁❁❁❁❁❁❁❁

# Tomatensalat

## Zutaten:

2 große Tomaten, halbieren, Stielansätze abschneiden und in Scheiben schneiden
1 rote Zwiebel, schälen, halbieren und in dünne Streifen schneiden
1 kleines Stück scharfe Chili, fein hacken (siehe Seite 9)
1 bis 2 Esslöffel gehackte Korianderblätter
Salz
Pfeffer
Olivenöl
1 Schuss Zitronensaft

## So wird es gemacht:

☺ Alle Zutaten in eine Servierschale geben und gut vermengen, mit Salz und Pfeffer abschmecken und zu Hauptgerichten Servieren.

# Oliven-Koriander Salat

## Zutaten:

1 Tasse schwarze Oliven ohne Kerne, hacken
1/2 Tasse gekochter Mais
1 Tomate, in Würfel schneiden
1 Zwiebel, schälen und in dünne Scheiben schneiden
1 lange milde Peperoni, Stielansatz abschneiden, der Länge hach halbieren, Samen entfernen, in Streifen schneiden dann würfeln
2 Esslöffel grob gehackter Koriander

## Zutaten für die Marinade:

Zitronen- oder Limettensaft
Olivenöl
Salz
Pfeffer

## So wird es gemacht:

☺ Ca. 1/4 Tasse Olivenöl in eine kleine Schale geben, Zitronen- oder Limettensaft, Salz und Pfeffer dazugeben und gut verrühren.
☺ Oliven, Koriander, Zwiebeln, Tomaten, Mais und Peperoni in eine Servierschale geben und gut vermengen ➟ Marinade darüber geben, gut vermengen und abschmecken.

❁❁❁❁❁❁❁❁❁❁

# Erbsensalat

## Zutaten:

200 g frische Erbsen oder tiefgefrorene Erbsen
50 g breite Bohnen
4 bis 5 Stangen Lauchzwiebeln, Stielansätze abschneiden, gewelkte Blätter entfernen und hacken
Saft einer Zitrone
Salz
Pfeffer
Olivenöl

## So wird es gemacht:

☺ Erbsen und breite Bohnen in Salzwasser gar kochen, in ein Sieb geben, abtropfen und abkühlen lassen.
☺ Bohnen, Erbsen und Lauchzwiebeln in eine Servierschale geben ➡ ca. 1 Esslöffel Olivenöl darüber träufeln, dann Salz, Pfeffer und etwas Zitronensaft dazugeben, gut vermengen, abschmecken und servieren.

❁❁❁❁❁❁❁❁❁❁

# Kidneybohnen Salat

## Zutaten:

1 Tasse gekochte Kidneybohnen
2 Esslöffel grob gehackte Korianderblätter
1 kleine Gurke, in dünne Scheiben schneiden
1 kleine Zwiebel, schälen und hacken oder in dünne Scheiben schneiden
2 bis 3 Stangen Lauchzwiebeln, Stielansätze abschneiden, gewelkte Blätter entfernen und in dünne Scheiben schneiden
1 Tomate, in kleine Würfel schneiden
Zitronen- oder Limettensaft
Olivenöl
Salz
Pfeffer

## So wird es gemacht:

☺ Bohnen und die restlichen Zutaten in eine Servierschale geben und gut vermengen, 1 bis 2 Esslöffel Olivenöl darüber geben, dann mit Limetten- oder Zitronensaft, Salz und Pfeffer abschmecken und servieren.

❁❁❁❁❁❁❁❁❁❁

# Habanero Salat

Sehr scharfer Chilisalat

## Zutaten:

1 Habaneroschote oder eine andere scharfe Chilischote halbieren, Stielansatz und Samen entfernen und in feine Streifen schneiden (siehe Seite 9)

22 Habanero

1 Bund Radieschen, in dünne Scheiben schneiden

1 Gurke, Schälen und in dünne Scheiben schneiden

1 rote Zwiebel, schälen, halbieren und in dünne Streifen schneiden

Ca. 1/2 Tasse gewürfelte Ananas

Saft 1 Limette

Salz

## So wird es gemacht:

☺ Alle Zutaten in eine Servierschale geben und gut vermengen, mit Salz und Zitronensaft abschmecken und servieren.

❁❁❁❁❁❁❁❁❁❁❁

# Salsa aus getrockneten Chilis

## Zutaten:

23

100 g getrocknete, scharfe rote Chilischoten, Stielansätze entfernen, die Samen brauchen nicht entfernt zu werden (siehe Seite 9)

1 kleine Dose (400 g Füllmenge) Tomaten

2 Knoblauchzehen, schälen

und vierteln
Salz
Pfeffer
Eventuell etwas Wasser

## So wird es gemacht:

☺ Den Inhalt der Tomatendose in eine Schale geben, getrocknete Chilischoten dazugeben, gut vermengen und ca. 15 Minuten oder länger stehen lassen.
☺ Tomaten, Chilischoten, Knoblauch, etwas Salz und Pfeffer in eine Küchenmaschine geben und fein pürieren ➟ Salsa abschmecken und zu Hauptgerichten servieren.

❁❁❁❁❁❁❁❁❁❁

# Variante 2

## Zutaten:

100 g scharfe, getrocknete rote Chilischoten, Stielansätze entfernen (siehe Seite 9)
2 Tomaten, halbieren
2 bis 3 Knoblauchzehen, schälen und vierteln
Salz
Pfeffer
Wasser

## So wird es gemacht:

☺ Chilischoten und Tomaten in einen Topf geben und mit Wasser bedecken, Topf zudecken und zum Kochen bringen, dann bei mittlerer Hitze ca. 10 bis 15 Minuten kochen lassen ➟ Topf vom Herd nehmen und abkühlen lassen.
☺ Chilischoten, Tomaten und das Kochwasser in eine Küchenmaschine geben ➟ Knoblauch, Salz und Pfeffer dazugeben, fein pürieren und zu Hauptgerichten servieren.

❁❁❁❁❁❁❁❁❁❁

# Salsa mit Chiliflocken

## Zutaten:

24

1 Esslöffel getrocknete Chiliflocken
Ca. 2 Esslöffel Zitronensaft
Etwas Knoblauchpaste
Olivenöl
Salz
Ein paar Esslöffel Wasser

## So wird es gemacht:

☺ Chiliflocken in eine kleine Schale geben, Zitronensaft dazugeben, gut vermengen und ein paar Minuten stehen lassen ➡ die restlichen Zutaten zu den Chiliflocken geben, gut verrühren und zu Hauptgerichten servieren.

❁❁❁❁❁❁❁❁❁❁❁

# Chilisalsa

## Zutaten:

100 g rote und grüne scharfe lange Chilischoten, Stielansätze abschneiden (siehe Seite 9)
2 bis 3 Knoblauchzehen, schälen und hacken
Salz
Öl

## So wird es gemacht:

☺ Chilischoten, Knoblauch, Salz und ein paar Esslöffel Wasser in eine Küchenmaschine geben und pürieren, dann in ein Glas geben, Öl auf der Oberfläche verteilen, Glas verschließen.

Vermerk:
Jedes Mal, wenn man Salsa aus dem Glas nimmt, etwas Öl, als Schutz, auf die Oberfläche geben.

❁❁❁❁❁❁❁❁❁❁❁

# Zwiebel Pebre

Pebre: Traditionelle Salsa aus frischen Zutaten

## Zutaten:

1 große Zwiebel, schälen, halbieren und in dünne Scheiben scheiden
1 kleine Chilischote, Stielansatz abschneiden, der Länge nach halbieren, Samen entfernen und fein hacken (siehe Seite 9)
1 Knoblauchzehe, schälen und fein hacken
1 Tomate, in kleine Würfel schneiden
1 bis 2 Esslöffel gehackte Korianderblätter
Zitronensaft
Olivenöl
Salz
Pfeffer

## So wird es gemacht:

☺ Zwiebelstreifen in eine Schale geben, 1 Teelöffel Salz darüber streuen, dann mit kochendem Wasser bedecken und 10 bis 15 Minuten stehen lassen, danach in ein Sieb geben und abtropfen lassen ➡ die abgetropften Zwiebeln auf einem Küchentuch ausbreiten, ein anderes Tuch darüber geben und mit der Handfläche etwas pressen, damit das restliche Wasser entfernt wird.

☺ Etwas Zitronensaft, Olivenöl, Salz und Pfeffer in eine Servierschale geben und rühren, dann die restlichen Zutaten dazugeben, gut vermengen, mit Zitronensaft, Salz und Pfeffer abschmecken und servieren.

❁❁❁❁❁❁❁❁❁❁

# Pebre mit eingelegten Peperoni

## Zutaten:

1 rote Zwiebel, schälen, halbieren und in dünne Streifen schneiden
2 Tomaten
1 lange milde Peperoni, Stielansatz abschneiden, der Länge nach halbieren, Samen entfernen und hacken
2 eingelegte milde Peperoni, Stielansätze abschneiden, der Länge nach halbieren, Samen entfernen und hacken
1 kleine Knoblauchzehe, schälen, mit etwas Salz in einen Mörser geben und zerdrücken
1 bis 2 Esslöffel gehackte Korianderblätter
Zitronensaft
Olivenöl
Salz
Pfeffer

## So wird es gemacht:

☺ Tomaten häuten und würfeln:

25

26

① Tomatenhaut mit einem Messer kreuzweise anritzen.
② Tomaten in eine Schale oder einen Topf geben, mit kochendem Wasser überbrühen und kurz stehen lassen.

27

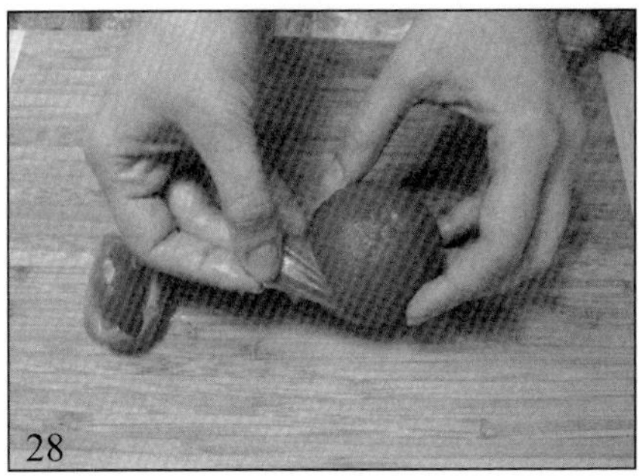
28

③ Tomaten aus dem Wasser nehmen.
④ Haut abziehen und würfeln
☺ Zitronensaft, 1 bis 2 Esslöffel Olivenöl, Knoblauchpaste, Salz und Pfeffer in eine Servierschale geben und gut verrühren ➠ die restlichen Zutaten zur Marinade geben, gut vermengen und servieren.

❁❁❁❁❁❁❁❁❁❁

# Koriander Pebre

## Zutaten:

1 Bund Koriander, nur die Blätter verwenden, waschen und grob hacken
2 bis 3 Stangen Lauchzwiebeln, Stielansätze abschneiden, gewelkte Blätter entfernen und hacken
1 kleine Chilischote, Stielansatz abschneiden, der Länge nach halbieren, Samen entfernen und fein hacken (siehe Seite 9)
Zitronensaft
Salz
Pfeffer

## So wird es gemacht:

☺ Alle Zutaten in eine Servierschale geben, gut vermengen, mit Salz abschmecken und servieren.

❁❁❁❁❁❁❁❁❁❁

# Pebre mit gegrillten Peperoni

## Zutaten:

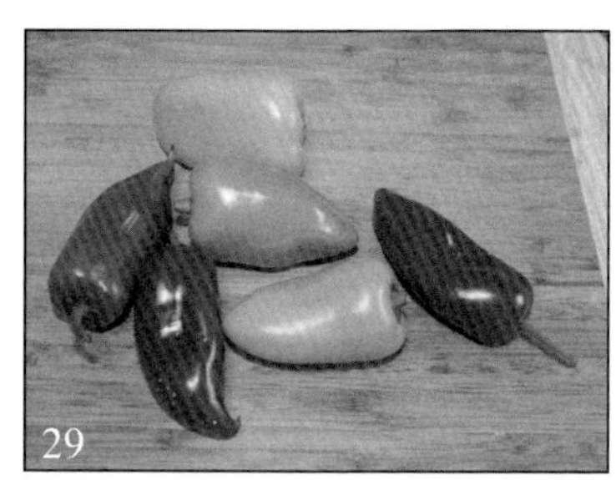


1 scharfe Chilischote, Stielansatz abschneiden, der Länge nach halbieren und Samen entfernen (siehe Seite 9)
3 bis 4 lange, milde Peperoni, Stielansätze abschneiden, der Länge nach halbieren und Samen entfernen. Statt Peperoni können Paprikaschoten verwendet werden
1 bis 2 Esslöffel Korianderblätter
Zitronensaft
Salz
Pfeffer

## So wird es gemacht:

☺ Chilischote und Peperoni weich grillen oder in Alufolie wickeln und im Ofen für ca. 10 Minuten bei 180°C backen, dann Haut abziehen, das Fruchtfleisch in Würfel schneiden und in eine Küchenmaschine geben ➞ Koriander, ein paar Esslöffel Wasser, etwas Zitronensaft, Salz und Pfeffer in die Küchenmaschine geben und pürieren ➞ mit Salz, Pfeffer und Zitronensaft abschmecken und servieren.

❁❁❁❁❁❁❁❁❁❁❁

# Chilenische Reisbeilage

## Zutaten für den Reis:

1 Tasse Langkornreis, waschen und abtropfen lassen
2 Tassen Wasser
1 Teelöffel Salz

## Restliche Zutaten:

1 kleine Karotte, Stielansatz abschneiden, schälen, der Länge nach halbieren, dann vierteln und in kleine Würfel schneiden
Ein paar Esslöffel frische Erbsen
1 lange milde Peperoni, Stielansatz abschneiden, der Länge nach halbieren, Samen entfernen und in kleine Würfel schneiden
1 kleine rote Zwiebel, schälen und hacken
1 Knoblauchzehe, schälen und fein hacken
Öl
Salz
Pfeffer

## So wird es gemacht:

☺ Reis kochen:
Reis, 2 Tassen Wasser und 1 Teelöffel Salz in einen Topf geben ➟ Topf zudecken und kurz zum Kochen bringen, dann bei schwacher Hitze köcheln lassen, bis der Reis gar und trocken ist. Inzwischen die restlichen Zutaten fertigstellen.
☺ Gemüse zubereiten:
Etwas Öl in einer Pfanne erhitzen, Zwiebeln dazugeben und glasig dünsten, dann Knoblauch und Karotten untermengen und kurz dünsten, dann die restlichen Zutaten dazugeben, gut vermengen, bissfest dünsten und abschmecken.
☺ Das fertige Gemüse zum Reis geben, gut vermengen und als Beilage zu Hauptgerichten servieren.

# Homitas

Gekochte oder gedämpfte gefüllte Maiskolbenblätter

## Maiskolbenblätter bearbeiten:

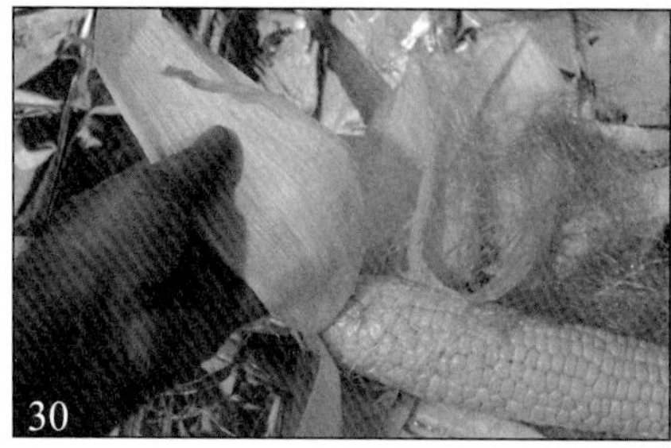
30

31

Maisblätterenden und –spitzen abschneiden.
Die Blätter ein paar Minuten in Wasser einweichen.

32

33

Ein paar Blätter kreuzweise aufeinanderlegen.

34

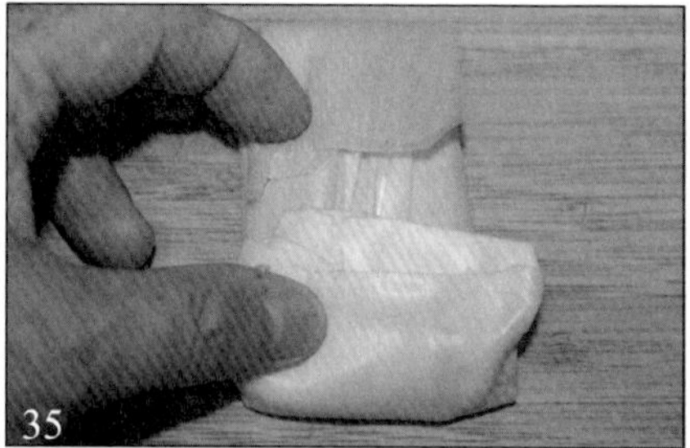
35

Füllung in die Mitte der Blätter geben (Füllungen, siehe ab Seite 30).
Die Seiten der Maisblätter über die Füllung schlagen und mit einem Faden festbinden.

36

37

Einen Topf mit reichlich Wasser füllen, gefüllte Maisblätter in den Top geben und kurz zum Kochen bringen, dann bei mittlerer Hitze ca. 20 bis 30 Minuten kochen lassen ➡ die Taschen aus dem Wasser nehmen, kurz abkühlen lassen, Faden abschneiden und die Füllung aus den Taschen entfernen ➡ heiß mit Salsa oder Salat servieren.

Vermerk:

Die gefüllten Maisblätter können auch in einem Dampfkochtopf gegart werden, das kann mehr als 30 Minuten dauern.

38

39

Falls man keinen Dampfkochtopf hat, kann man Wasser in einen Topf geben und ein Sieb in den Topf hängen (Abb. 38) oder einen Spagettikochtopf nehmen (Abb. 39). Beim Dämpfen Topf zudecken.

# Füllung für die Homitas

## Maiskörner vom Kolben lösen und pürieren

Für die Homitas braucht man frische Maiskolben. Als erstes müssen die Körner vom Kolben gelöst werden.
Die einfachste Art die Körner vom Kolben zu lösen ist, sie mit einem Messer direkt hinter den Körnern der Länge nach abzuschneiden, danach in eine Küchenmaschine geben und pürieren.

40

# Einfache Maisfüllung

### Zutaten:

2 Maiskolben, siehe Abb. 40
1 große Zwiebel, schälen und hacken
Je 1/4 Teelöffel folgende Gewürze:
- Korianderkörner, gemahlen
- Kreuzkümmel, gemahlen
- Mildes Paprikapulver

Chilipulver, Menge nach Geschmack
Salz
Pfeffer
Öl oder Butter

### So wird es gemacht:

☺ Maispüree in eine große Schale geben.
☺ Etwas Öl oder Butter in einer Pfanne erhitzen ➟ Zwiebeln in das heiße Öl oder die Butter geben und glasig dünsten, Gewürze dazugeben und gut vermengen ➟ Pfanne vom Herd nehmen und abkühlen lassen ➟ Zwiebelmasse zum Maispüree geben, gut vermengen, mit Salz, Pfeffer und Chilipulver

abschmecken, dann wie auf Seite 28/29 beschrieben weiter verfahren.

✿✿✿✿✿

# Mais mit Chili und Basilikum

## Zutaten:

Maispüree von 2 Maiskolben. Beim Pürieren, folgende Zutaten dazugeben:

Basilikumblätter, Menge nach Geschmack,
1 kleine scharfe Chilischote, Stielansatz ab schneiden, der Länge nach halbieren, Samen entfernen und hacken

1 große Zwiebel, schälen und hacken
Butter
Salz
Pfeffer

# Variante 2

Zu den obigen Zutaten kommen folgende Zutaten dazu:

Chilischote und Basilikum werden nicht verwendet

2 Knoblauchzehen, schälen und hacken. Mit den Maiskörner pürieren
Chilipulver oder Chiliflocken, Menge nach Geschmack
1/2 Teelöffel getrockneter Oregano
1/8 Teelöffel Korianderpulver
1/8 Teelöffel Kreuzkümmelpulver

## So wird es gemacht:

☺ Die Zwiebeln müssen mit etwas Öl oder Butter glasig gedünstet werden, dann werden die Gewürze dazugegeben ➡ Zwiebeln zum Maispüree geben, abschmecken und wie auf Seite 28/29 weiter verfahren.

✿✿✿✿✿

# Süße Homitas

## Zutaten:

Pürierte Maiskörner von ca. 2 Maiskolben (siehe Seite 30)
1/4 Tasse Rosinen ohne Kerne
Ca. 6 bis 7 Esslöffel Zucker
1 Esslöffel Honig
1 bis 2 EL zerlassene Butter

## So wird es gemacht:

☺ Alle Zutaten in eine Schale geben und rühren, bis der Zucker aufgelöst ist, dann wie auf Seite 28 weiter verfahren.

❁❁❁❁❁❁❁❁❁❁

# Scharfes Kartoffelpüree

## Zutaten:

500 g Kartoffeln, schälen und vierteln
1 bis 2 Esslöffel Butter
1 bis 2 Esslöffel Milch
Chilisalsa (siehe Seite 22), Menge nach Geschmack
Salz

## So wird es gemacht:

☺ Kartoffeln in Salzwasser kochen lassen, bis sie sehr weich sind ➞ in ein Sieb geben, abtropfen und kurz abkühlen lassen.

☺ Gekochte Kartoffeln mit einer Gabel oder Kartoffelpresse pürieren und in eine Schale geben, Butter und Milch dazugeben und gut vermengen, dann mit Salz abschmecken, danach Chilisalsa untermengen und servieren.

41

# Gefüllte Kartoffelfladen Milaco

Ein beliebtes Gericht in Schnellimbissen in Chile

## Zutaten:

500 g Kartoffeln, schälen und vierteln
250 g Kartoffeln, schälen
1 bzw. 2 Teelöffel „Unsere Gewürzmischung" (siehe Seite 13)
Eventuell 2 bis 3 Esslöffel Mehl oder Kartoffelmehl. Ersatzweise 2 Eier
Salz
Öl, zum Braten

### Füllung:

Gefüllt werden die Fladen, je nach Geschmack, mit gebratenem Hackfleisch, fein gewürfeltem Fleisch oder mit gekochtem Gemüse.
In unserem Rezept haben wir gekochte Erbsen und Karotten verwendet:
Karotten und Erbsen in Salzwasser garkochen, in ein Sieb geben und abtropfen lassen, mit Salz, Pfeffer und mildem Paprikapulver abschmecken und abkühlen lassen.

## So wird es gemacht:

☺ 500 g Kartoffeln mit etwas Salz in einen Topf geben und kochen lassen. Inzwischen die restlichen Kartoffeln reiben.

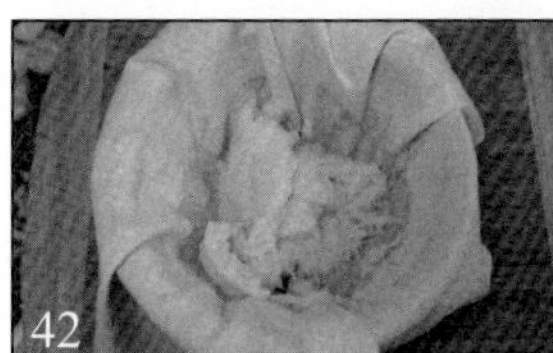
42

43

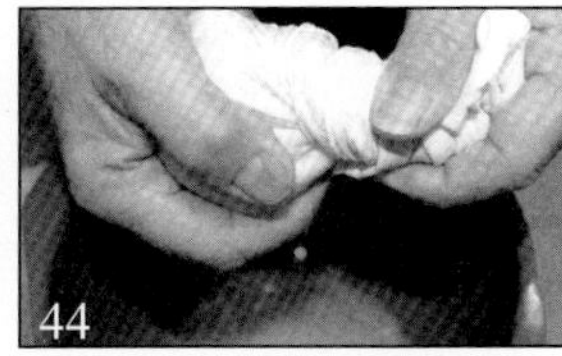
44

☺ 250 g Kartoffeln mit einer Reibe fein reiben ➞ ein Sieb mit Flüssigkeitsdurchlässigem Tuch belegen, die geriebenen Kartoffel in das Tuch geben, Tuchenden mit einer Hand zusammenhalten und wringen, damit die Flüssigkeit austropfen kann.

☺ Die gekochten Kartoffeln in ein Sieb geben, abtropfen und abkühlen lassen.

45

46

☺ Kartoffeln mit einer Gabel oder Kartoffelpresse pürieren, die geriebenen Kartoffeln dazugeben und gut vermengen, dann Salz, Pfeffer und Gewürze dazugeben, gut vermengen und abschmecken.

**Achtung!** Bevor man Mehl, Kartoffelmehl oder Eier zum Kartoffelpüree gibt, ein Handvoll Kartoffelpüree zu dünnen Fladen formen und in heißem Öl braten. Wenn die Fladen auseinanderfallen, dann Eier, Mehl oder Kartoffelmehl zum Püree geben. und gut vermengen.

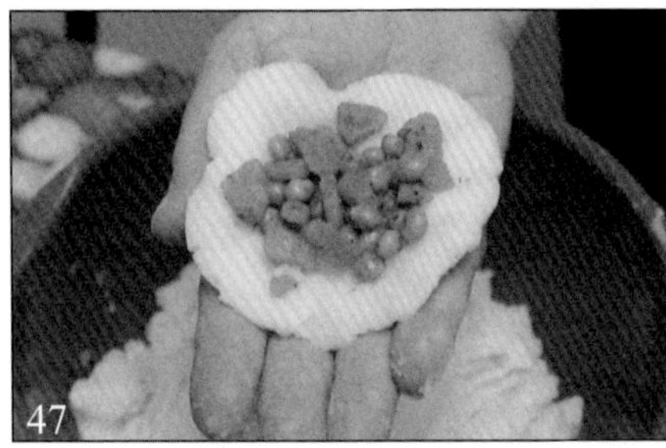
47

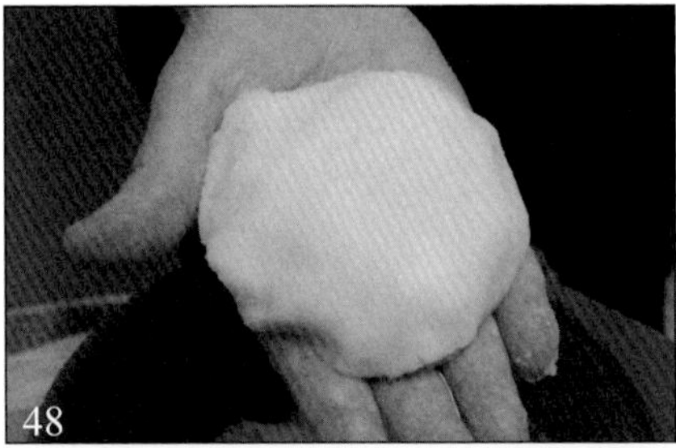
48

☺ Handvoll Kartoffelpüree auf die Handfläche geben und flachdrücken, ein Esslöffel *Füllung in die Mitte geben und mit Püree bedecken, dann in heißem Öl von beiden Seiten knusprig braten, aus der Pfanne nehmen und auf

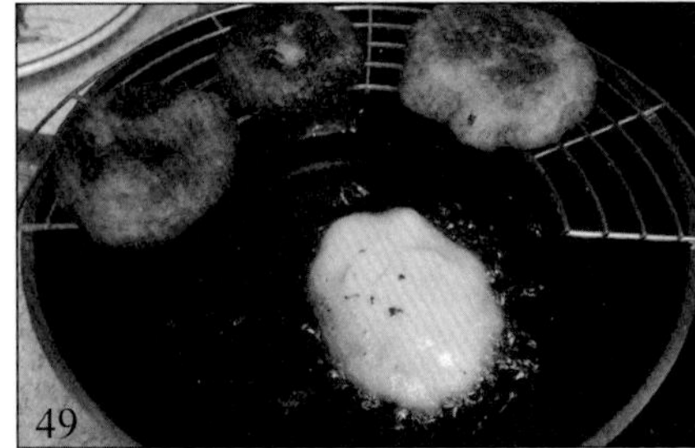
49

Küchenpapier legen, damit das überschüssige Öl entfernt wird ➟ heiß oder kalt mit Salat oder Salsa servieren.

<u>Vermerk:</u>

*Füllung, siehe Seite 33.
Beim Reiben der Kartoffeln sollte die richtige Reibe verwendet werden.

❁❁❁❁❁

# Variante 2

## Zutaten:

250 g Fleischstück, in kleine Würfel schneiden
500 g Kartoffeln, schälen
1/2 Tasse frische Erbsen
1/2 Tasse kleingehackter Lauch
1 Zwiebel, schälen und hacken
1 lange milde Peperoni, Stielansatz abschneiden, der Länge nach halbieren, Samen entfernen und hacken
1 bis 2 Knoblauchzehen, schälen und fein hacken
Mehl
3 Eier
Etwas Tomatensaft
1/2 Teelöffel getrockneter Thymian
1 Teelöffel süßes Paprikapulver
1/4 Teelöffel Kurkumapulver
Prise Chilipulver
1 Teelöffel Sojasoße
Salz
Pfeffer
Öl, zum Braten

## So wird es gemacht:

☺ Kartoffeln in Salzwasser gar kochen, in ein Sieb geben und abtropfen lassen, dann in eine Schüssel geben und pürieren ➟ ein Ei aufschlagen und zum Kartoffelpüree geben, etwas Salz dazugeben und das ganze gut verkneten.

☺ Erbsen gar kochen, in ein Siebe geben und abtropfen lassen.

☺ Etwas Öl in einer tiefen Pfanne erhitzen, Zwiebeln dazugeben und glasig dünsten, Knoblauch untermengen und kurz dünsten ➟ Fleischwürfel in die Pfanne geben, mit den Zwiebeln gut vermengen und braten, bis die Flüssigkeit verdampft und das Fleisch gar ist ➟ Erbsen, Lauch, Peperoni und ein paar Esslöffel Tomatensaft zum Fleisch geben, gut vermengen und köcheln lassen, bis der Lauch weich ist, dann Thymian, Paprikapulver, Kurkuma, Chilipulver, Sojasoße, Salz und Pfeffer dazugeben, gut vermengen und ca. 1 Minute köcheln lassen ➟ Pfanne vom Herd nehmen und abkühlen lassen.

☺ 2 Eier aufschlagen und in einen Teller geben.

☺ Mehl auf einem Teller verteilen.

☺ Reichlich Öl in eine tiefe Pfanne geben und erhitzen.

☺ Kartoffelpüree zu 4 bis 5 Kugeln formen, dann zu flachen Fladen formen ➟ 2 bis 3 Esslöffel Fleischfüllung (oder mehr) in die Mitte der Fladen geben und zu einer Kugel formen, dann die gefüllten Kartoffelkugeln zuerst in Mehl wälzen, dann in den Eiern, in das heiße Öl geben und goldbraun braten ➟ aus der Pfanne nehmen und auf Küchenpapier geben, damit das überschüssige Öl entfernt wird ➟ heiß oder warm mit Salat oder Salsa servieren.

❁❁❁❁❁❁❁❁❁❁

# Kartoffelpuffer

## Zutaten:

1 Kg Kartoffeln, schälen und vierteln
2 Eier, aufschlagen und verrühren
3 bis 4 Esslöffel Mehl oder Kartoffelmehl
Butter
2 Esslöffel Salz
Pfeffer
Öl, zum Braten

## So wird es gemacht:

☺ Kartoffeln in Salzwasser gar kochen, in ein Sieb geben und abtropfen lassen, wenn die Kartoffeln abgekühlt sind, in eine Schüssel geben und pürieren ➟ Butter, Eier, Mehl, Salz und Pfeffer zu den Kartoffeln geben und gut vermengen.

☺ Öl in einer tiefen Pfanne erhitzen ➟ Handvoll Kartoffelpüree nehmen, zwischen beiden Handflächen zu Kugeln formen, dann flach drücken und im heißen Öl von beiden Seiten knusprig braten ➟ die fertig gebratenen Kartoffelpuffer auf Küchenpapier geben, damit das überschüssige Öl entfernt wird und servieren.

❁❁❁❁❁❁❁❁❁❁

# Gefüllte Teigtaschen

## Zutaten für den Teig:

Einfacher Teig:
2 Tassen Mehl, sieben
Ein paar Esslöffel Öl oder Butter
1 Teelöffel Salz

**oder**

2 Tassen Mehl, sieben
1 Päckchen Backpulver
Milch
Wasser
3 bis 4 Esslöffel zerlassene Butter
1 Teelöffel Salz

## So wird es gemacht:

① Einfacher Teig:
Mehl und Salz in eine Schüssel geben und vermengen, Öl und etwas Wasser darüber geben und zu einem Teig verkneten, Teig zudecken und ca. 15 Minuten stehen lassen.

② Teig mit Milch:
Mehl, Salz, Backpulver und Butter in eine Schale oder Schüssel geben und mit der Hand verkneten, mehr Milch als Wasser darüber geben und zu einem Teig verkneten, Teig zudecken und ca. 30 Minuten stehen lassen.

☺ Kreise (Fladen) aus dem Teig herstellen:
Den Teig in kleine Stücke schneiden und jedes Stück zu einer Kugel formen, dann zu einem flachen Fladen ausrollen ➟ mit der offenen Seite einer Tasse oder eines Glases (Größe nach Belieben) ausstechen, dabei die

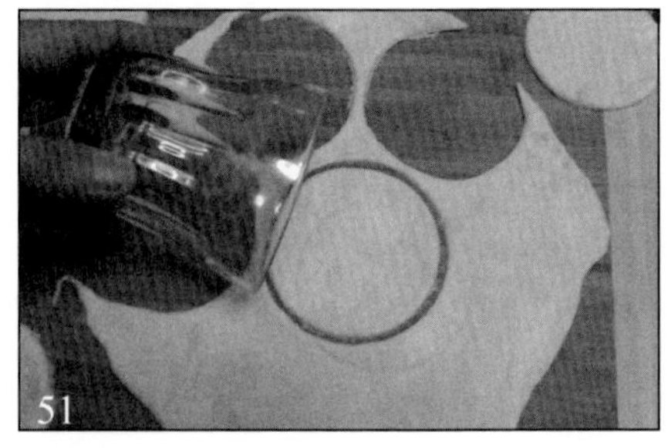


Ausstechform nach links und rechts bewegen. Vorher den

Rand der Tasse oder des Glases mit etwas Wasser anfeuchten:

52

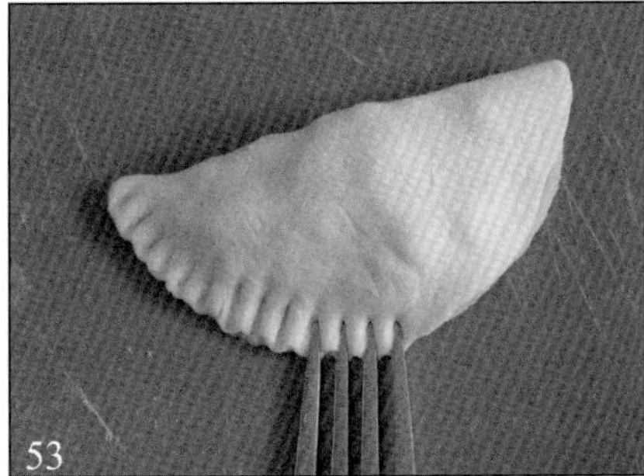

53

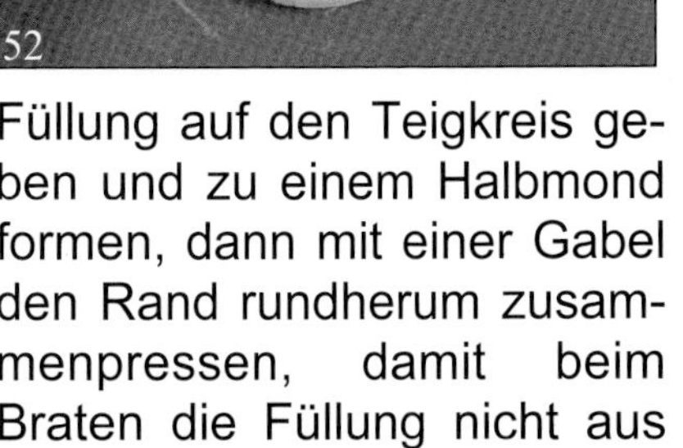

Füllung auf den Teigkreis geben und zu einem Halbmond formen, dann mit einer Gabel den Rand rundherum zusammenpressen, damit beim Braten die Füllung nicht aus der Tasche austreten kann.
Füllung, siehe ab Seite 42.

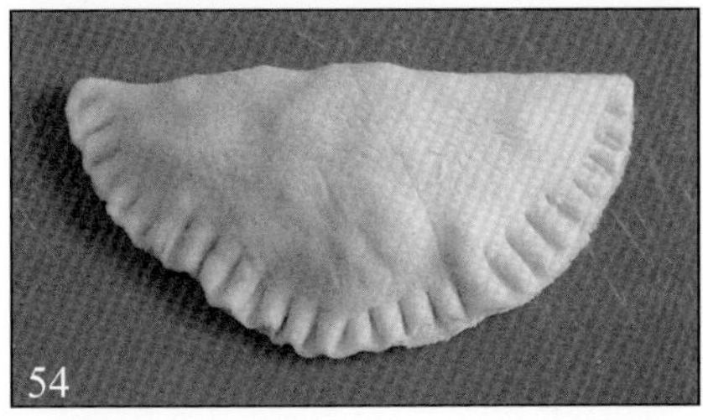

54

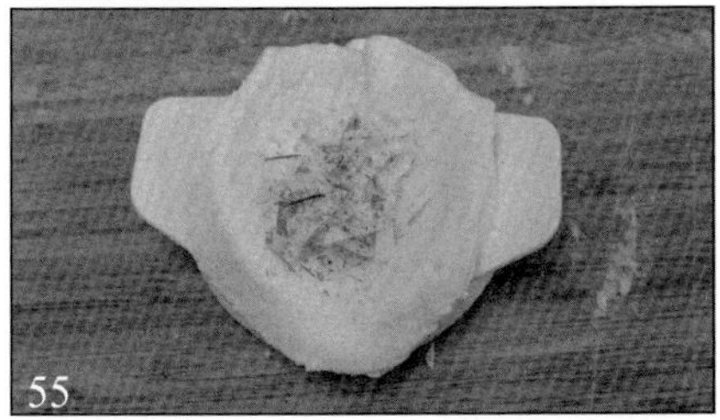

55

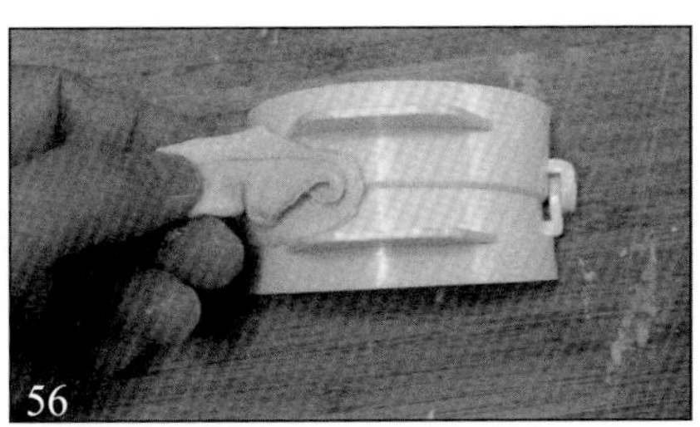

56

Falls man eine Teigpresse hat (siehe Abb. 55), Teigkreis in eine Presse legen, Füllung in die Mitte geben und zusammenpressen, dann den überstehenden Teig entfernen.

☺ Öl in einer tiefen Pfanne erhitzen, die gefüllten Teigtaschen im heißen Öl von beiden Seiten braten, bis sie Farbe annehmen, aus der Pfanne nehmen und auf Küchenpapier geben.

57

Vermerk:

Wer keine Zeit oder Lust hat Teig herzustellen kann fertigen Blätterteig verwenden (frisch oder tiefgefroren), nach dem Füllen (siehe ab Seite 39) und vor dem Zusammenklappen der Teigtaschen (Seite 38), die Taschen rundherum von innen mit Eigelb oder Wasser bestreichen und zusammenpressen, damit sie beim Backen nicht aufgehen, dann in Öl goldbraun braten

oder

Backofen auf 180°C vorheizen, Teigtaschen auf ein Backblech geben, mit Eigelb bestreichen und in den Backofen schieben und backen, bis die Oberflächen der Teigtaschen eine goldbraune Farbe haben.

58

Die Teigfladen können auch mit Hilfe einer Nudelmaschine hergestellt werden.

59

Der Teig kann gleich in runde dünnen Fladen ausgerollt und gefüllt werden

64

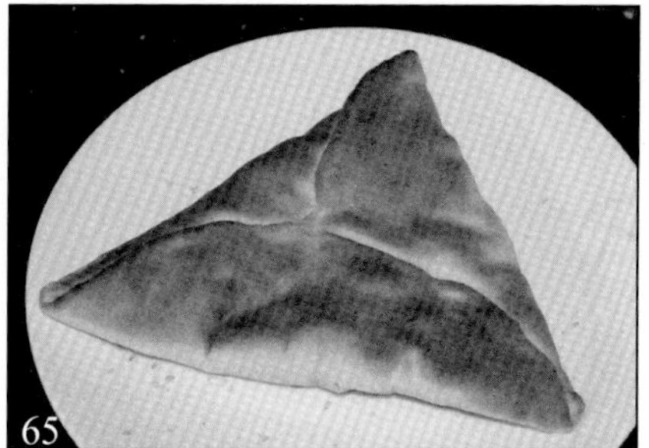
65

Vermerk:

Die Teigtaschen können nicht nur zu Halbmonden geformt werden, sonder auch in verschiedenen Formen hergestellt werden.

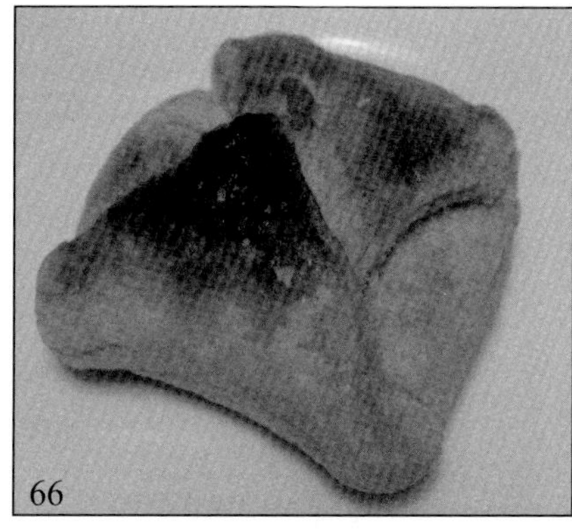
66

# Füllung für die Teigtaschen

## Käsefüllung

### Zutaten:

200 g verschiedene weiße Käsesorten.
1 Ei, aufschlagen, in eine Schale geben und verrühren
1 bis 2 Esslöffel gehackte Petersilie
Pfeffer

der

man verwendet nur Käse, man kann ihn reiben oder in kleine Würfel schneiden

### So wird es gemacht:

Käse reiben ➟ Ei aufschlagen und zum Käse geben ➟ Petersilie dazugeben, gut vermengen und mit Pfeffer abschmecken Die fertigen Teigfladen mit Käse füllen, siehe Seite 38/39 und in Öl braten oder im Backofen goldbraun backen.

❁❁❁❁❁

## Fleischfüllung

### Zutaten:

200 g Hackfleisch (Rind oder Lamm)
1 gehackte Zwiebel
2 Esslöffel Pinienkerne
1 Teelöffel gemahlener Zimt
Salz
Pfeffer
3 Esslöffel Olivenöl

67-Pinenkerne

### So wird es gemacht:

☺ Öl in einer Pfanne erhitzen ➟ die Zwiebeln dazugeben und braten, bis sie goldbraun werden ➟ Pinienkerne dazugeben und braten bis sie Farbe annehmen ➡ Hackfleisch dazugeben und anbraten, bis die Flüssigkeit verdampft ist (es soll nicht gar werden) ➡ in einen Topf geben und Zimt, Salz und Pfeffer hinzufügen, abschmecken, gut vermengen und Teigblätter damit füllen (sie Seite 38/39).

# Variante 2

## Zutaten:

200 g Hackfleisch oder Fleischstück, in feine Würfel schneiden
2 bis 3 Zwiebeln, schälen und fein hacken
2 Knoblauchzehen, schälen und fein hacken oder mit etwas Salz zerdrücken
1 bis 2 Teelöffel „Unsere Gewürzmischung“ (siehe Seite 13)
Salz
Öl oder Butter
Eventuell 1 gekochtes Ei, in Streifen schneiden

## So wird es gemacht:

☺ Etwas Öl oder Butter in einer Pfanne erhitzen ➡ Knoblauch im heißen Öl kurz anbraten, dann Hackfleisch oder Fleischwürfel in die Pfanne geben, gut vermengen und braten, bis die Flüssigkeit verdampft ist ➡ Zwiebeln untermengen, dann Gewürze und Salz dazugeben und bei schwacher Hitze ca. 10 Minuten köcheln lassen, bis die Zwiebeln weich sind ➡ abschmecken, Pfanne vom Herd nehmen, abkühlen lassen und wie auf Seite 38/39 weiterverfahren.

❁❁❁❁❁

# Spinatfüllung

## Zutaten:

250 g Blattspinat, waschen
1 kleine Zwiebel, schälen und hacken
Limetten- oder Zitronensaft
1 bis 2 Esslöffel Pinienkerne
Salz
Pfeffer
Öl

## So wird es gemacht:

☺ Spinat in Salzwasser gar kochen, in ein Sieb geben und abtropfen lassen, dann mit der Hand auspressen.
☺ Etwas Öl in einer Pfanne erhitzen ➟ Zwiebeln im heißen Öl glasig dünsten, Pinienkerne untermengen und dünsten, bis sie Farbe annehmen ➟ Spinat untermengen, mit Salz, Pfeffer und Limettensaft abschmecken, Pfanne vom Herd nehmen und abkühlen lassen, dann wie auf Seite 38/39 weiter verfahren..

❁❁❁❁❁❁❁❁❁❁❁

# Füllung mit Meeresfrüchten

## Zutaten:

200 bis 250 g verschiedene Meeresfrüchte: geschälte Krabben, Miesmuschelfleisch, Kammmuscheln, Hummerfleisch, klein hacken
2 Zwiebeln, fein hacken
2 Knoblauchzehen, schälen und fein hacken, oder mit etwas Salz zerdrücken
2 bis 3 Esslöffel gehackte Petersilie
Je 1/2 Teelöffel Kreuzkümmelpulver und Thymian und/oder Oregano

Salz
Öl

## So wird es gemacht:

☺ Etwas Öl in einer tiefen Pfanne erhitzen, Zwiebeln dazugeben und glasig dünsten, Knoblauch, Kreuzkümmelpulver, Thymian, Oregano und Salz untermengen ➟ Meeresfrüchte zu den Zwiebeln geben und gut vermengen, dann bei mittlerer Hitze 5 bis 6 Minuten köcheln lassen ➟ abschmecken ➟ Pfanne vom Herd nehmen und abkühlen lassen, dann wie auf Seite 38/39 weiter verfahren.

❁❁❁❁❁❁❁❁❁❁

# Füllung mit Kartoffeln und Lauch

## Zutaten:

3 bis 4 Kartoffeln, schälen und in kleine Würfel schneiden
2 Stangen Lauch, Stielansätze abschneiden, gewelkte Blätter entfernen und hacken
1 Esslöffel Sojasoße
1/4 Teelöffel Chilipulver
1/2 Teelöffel Kurkumapulver
Salz und Pfeffer
Öl oder Butter

## So wird es gemacht:

☺ Öl in einer Pfanne erhitzen ➟ Kartoffelwürfel im heißen Öl knusprig braten, aus dem Öl nehmen und in eine Schale geben ➟ Lauch, Sojasoße, Chili, Kurkuma, Salz und Pfeffer im heißen Öl dünsten, bis der Lauch weich ist, Kartoffeln untermengen ➟ abschmecken ➟ Pfanne vom Herd nehmen und abkühlen lassen, dann wie auf Seite 38/39 weiter verfahren.

# Füllung mit Milchreis

## Zutaten:

1 Tasse Milchreis, waschen und abtropfen lassen
2 Tassen Milch
1 Stange Zimt
1 Dose Kondensmilch
Zucker, Menge nach Geschmack
Puderzucker
Zimtpulver
Geriebene Zitronenschale

## So wird es gemacht:

68

69

☺ Milch, Reis, Kondensmilch, Zucker, geriebene Zitronenschale und Zimtstange in einen Topfe geben und kurz zum Kochen bringen, dann bei schwacher Hitze köcheln lassen, bis die Flüssigkeit verdampft ist und die Masse cremig wird ➟ Topf vom Herd nehmen und abkühlen lassen.

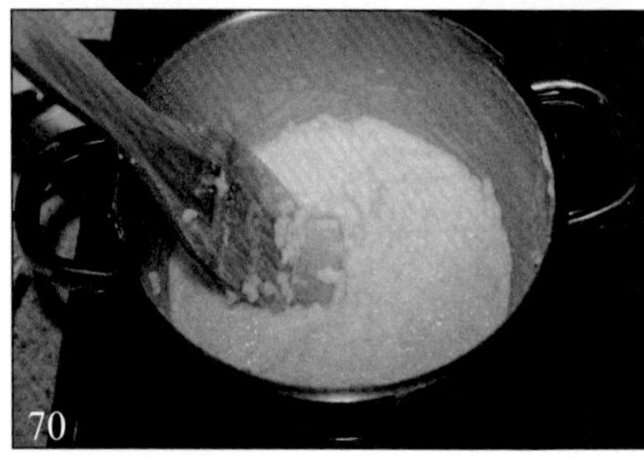
70

Während des Kochens den Reis öfter rühren.

☺ Teig wie auf Seite 36 beschrieben fertigstellen, dazu kommt ein Eigelb: Ein Eigelb zum Mehl geben und gut vermengen, dann die restlichen Zutaten dazugeben und zu einem Teig verkneten und danach zu Fladen formen und füllen (siehe Seite 38).

☺ Die Teigtaschen mit Puderzucker und Zimt bestreuen und servieren.

❁❁❁❁❁❁❁❁❁❁❁

# Suppen

## Gemüsesuppe

### Zutaten:

250 g mageres Fleisch, in ca. 1 bis 1,5 cm Würfel schneiden, waschen und abtropfen lassen
2 bis 3 mittelgroße Karotten, Stielansätze abschneiden, der Länge nach halbieren und in Scheiben schneiden
3 große Kartoffeln, schälen und in ca. 2 bis 3 cm Würfel schneiden
1 Selleriestange, in kleine Würfel schneiden
1 Paprikaschote, halbieren, Stielansatz und Samen entfernen, in Streifen schneiden und würfeln
1 große Tomate, halbieren, Kerne entfernen und hacken
2 Zwiebeln, schälen und hacken oder in feine Scheiben schneiden
2 Knoblauchzehen, schälen, mit etwas Salz in einen Mörser geben und zerdrücken
2 Esslöffel Tomatenmark, in 1 Tasse warmem Wasser auflösen
1 Bund Petersilie, Blätter waschen und grob hacken
1 Esslöffel gehackte Korianderblätter
1 bis 2 Teelöffel „Unsere Gewürzmischung“, siehe Seite 13
Salz
Öl

## So wird es gemacht:

☺ Öl in einem großen Topf erhitzen, Fleischwürfel dazugeben und braten, bis die Flüssigkeit verdampft ist ➠ Zwiebeln, Tomaten und Knoblauch untermengen und dünsten, bis die Zwiebeln weich sind ➠ Karotten, Kartoffeln, Paprika, Sellerie und Koriander zum Fleisch geben und gut vermengen ➠ aufgelöstes Tomatenmark, Gewürze, Salz und ca. 4 Tassen heißes Wasser dazugeben, umrühren und abschmecken, dann bei mittlerer Hitze kochen lassen, bis alles gar ist ➠ Petersilie untermengen, abschmecken und heiß servieren.

**********

# Variante 2, mit Teigbeilage Pantruca

## Zutaten für den Teig:

1 Tasse Mehl
Salz
Wasser

## Zutaten für die Suppe:

100 bis 150 g Hackfleisch
1 Karotte, Stielansatz abschneiden, der Länge nach halbieren, dann vierteln und in kleine Würfel schneiden
1 bis 2 Knoblauchzehen, schälen und hacken
1 Bund Lauchzwiebeln, Stielansätze abschneiden, gewelkte Blätter entfernen und hacken
2 bis 3 mittelgroße Kartoffeln, schälen und in ca. 3 cm Würfel schneiden
1/2 Tasse frische Erbsen
1 Teelöffel getrockneter Oregano
1/2 Teelöffel mildes Paprikapulver
Kreuzkümmelpulver, Menge nach Geschmack
Salz
Öl

# So wird es gemacht:

☺ Teigbeilage herstellen:

71

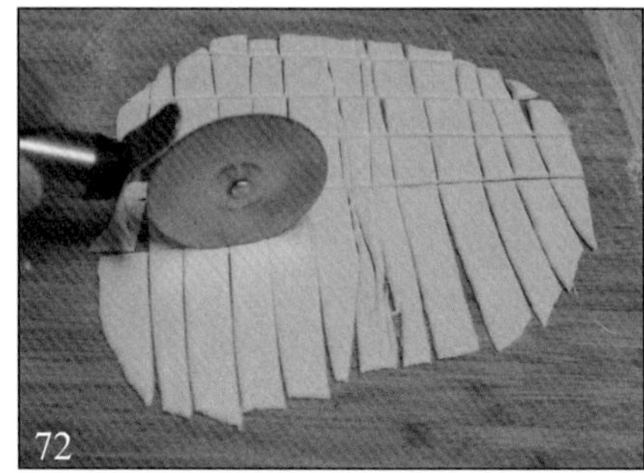
72

Mehl und etwas Salz in eine Schüssel geben, Wasser nach und nach dazugeben und zu einem Teig verkneten, dann zu einem Fladen ausrollen, in Streifen schneiden und diese in kleine Stücke teilen.

☺ Suppe fertigstellen:

Etwas Öl in einen Topf geben und erhitzen ➡ Karotten, Lauchzwiebeln und Knoblauch in das heiße Öl geben und kurz dünsten ➡ Hackfleisch dazugeben und gut vermengen, Salz, Oregano, Paprikapulver und Kreuzkümmel darüber streuen, umrühren und köcheln lassen, bis das Hack Farbe annimmt und die Flüssigkeit verdampft ist ➡ ca. 4 Tassen heißes Wasser in den Topf geben, umrühren und zum Kochen bringen ➡ Kartoffeln und Teigstücke in die Suppe geben und bei mittlerer Hitze kochen lassen, bis die Kartoffeln fast gar sind ➡ Erbsen dazugeben und ca. 5 Minuten köcheln lassen ➡ abschmecken und heiß servieren.

**********

# Mangold Cremesuppe

## Zutaten:

1 Bund Mangold, die unteren dicken Stiele abschneiden und die Blätter gründlich waschen
3 bis 4 Lauchzwiebeln, Stielansätze abschneiden, gewelkte Blätter entfernen und hacken. Ersatzweise 1 kleine Zwiebel
1 Knoblauchzehe, schälen und hacken
1 Tasse Wasser
1 Päckchen Sahne
1 bis 2 Esslöffel Mehl
Prise Chilipulver
Salz
Pfeffer
Butter

73 - Mangold

## So wird es gemacht:

☺ Mangoldblätter hacken.

☺ 1 bis 2 Esslöffel Butter in einem Topf zerlassen, Lauchzwiebeln und Knoblauch dazugeben und weich dünsten ➟ Mangold dazugeben, Topf zudecken und bei schwacher Hitze köcheln lassen, bis die Blätter gar und weich sind.

☺ 1 Esslöffel Butter in einem Topf bei schwacher Hitze zerlassen ➟ 1 Esslöffel Mehl dazugeben und gut vermengen, etwas Wasser dazugeben, gut vermengen und köcheln lassen, bis die Masse fest wird, dann Wasser nach und nach dazugeben und rühren ➟ Sahne, Gewürze und Salz dazugeben, umrühren, Mangold untermengen und ca. 10 Minuten köcheln lassen ➟ Suppe vom Herd nehmen und mit einem Mixstab pürieren ➟ abschmecken, in Servierschalen geben, mit gehackter Petersilie garnieren und servieren.

***********

# Hähnchensuppe

## Zutaten:

1 Suppenhuhn
2 Karotten, Stielansätze abschneiden, schälen und in kleine Würfel schneiden
Handvoll Reis, waschen und abtropfen lassen
1 lange milde Peperoni, Stielansatz abschneiden, der Länge nach halbieren Samen entfernen und in dünne Streifen schneiden, dann vierteln
2 bis 3 kleine Kartoffeln, schälen und vierteln
Handvoll frische Erbsen
1 kleine Zwiebel, schälen und in dünne Scheiben schneiden
2 Knoblauchzehen, 1 Zehe mit etwas Salz zerdrücken und die andere ganz lassen
1/2 Teelöffel mildes Paprikapulver
1/8 Teelöffel gemahlener Koriander
2 bis 3 Esslöffel gehackte Petersilie
Salz und Pfeffer
Öl

## So wird es gemacht:

☺ Suppenhuhn, Zwiebel, Knoblauchzehe und Salz in einen Topf geben, mit Wasser bedecken und kochen lassen, bis das Fleisch gar ist ➟ Huhn aus der Brühe nehmen und abkühlen lassen ➟ ein Sieb über einen Topf stellen, Brühe durch das Sieb geben, im Topf auffangen und beiseitestellen.
☺ Hühnchenfleisch vom Knochen lösen und in kleine Würfel schneiden.
☺ Etwas Öl in einem Topf erhitzen, Karotten, Kartoffeln, Peperoni, Erbsen und Knoblauchpaste in das heiße Öl geben und ein paar Minuten dünsten ➟ Gewürze und Salz dazugeben, Hühnchenfleisch und Reis untermengen, ca. 2 Tassen Hühnerbrühe und 2 Tassen heißes Wasser darüber geben,

umrühren, Topf zudecken und kurz zum Kochen bringen, dann bei schwacher Hitze köcheln lassen, bis das Gemüse und der Reis gar ist ➡ Abschmecken, Petersilie darüber streuen und servieren.

**********

# Algensuppe

## Zutaten:

50 g Seegras
150 bis 200 g Fleischstück, in ca. 1 cm Würfel schneiden, waschen und abtropfen lassen
2 bis 3 Knoblauchzehen, schälen und fein hacken
Maiskörner von 1 Maiskolben, siehe Seite 30, Abb.40
1 Karotte, Stielansatz abschneiden, der Länge nach halbieren und in Scheiben schneiden
2 bis 3 mittelgroße Kartoffeln, schälen und in ca. 2 cm Würfel schneiden
Handvoll Reis
Ein paar Esslöffel frische Erbsen
1 bis 2 Knoblauchzehen, schälen und fein hacken oder mit etwas Salz zerdrücken
1 Tomate, fein hacken
1 Esslöffel gehackter Koriander
Prise Chilipulver
1/2 Teelöffel mildes Paprikapulver
Salz
Pfeffer
Öl

## So wird es gemacht:

☺ Getrocknetes Seegras in reichlich Wasser einweichen, dann mit einer Schere zerkleinern, in ein Sieb geben und abtropfen lassen.

☺ Etwas Öl in einem Topf erhitzen, Fleischwürfel dazugeben und braten, bis die Flüssigkeit verdampft ist ➟ Knoblauch, Tomaten, Gewürze und Salz dazugeben, gut vermengen und kurz dünsten ➟ zerkleinertes Seegras untermengen, dann 3 bis 4 Tassen heißes Wasser darüber geben und ca. 10 bis 15 Minuten kochen lassen ➟ die restlichen Zutaten, außer Koriander, in den Topf geben, Top zudecken und köcheln lassen, bis das Gemüse gar ist ➟ Koriander in die Suppe geben, umrühren, abschmecken und heiß servieren.

Vermerk:
Seegras (Algen), frisch oder getrocknet, bekommt man in asiatischen Lebensmittelläden.
Die meistverkauften Sorten sind Nori, Kombu (oder Konbu) und Wakame.

************

# Scharfe Fleischsuppe

Zutaten:

150 bis 200 g Fleischstück
3 bis 4 Kartoffeln, schälen und vierteln
1 bis 2 Karotten, Stielansätze abschneiden und in dünne Scheiben schneiden oder würfeln
3 bis 4 kleine Zwiebeln, schälen und in Würfel oder Streifen schneiden
1 lange milde Peperoni oder eine Paprikaschote, Stielansatz und Samen entfernen und in dünne Streifen schneiden
1 scharfe Peperoni, Stielansatz abschneiden, der Länge nach halbieren, Samen entfernen und fein hacken (siehe Seite 9)
1 Teelöffel getrockneter Oregano
Chilipulver oder Chiliflocken, Menge nach Geschmack
Ein paar Esslöffel gehackte Petersilie
Salz

Öl
2 bzw. 4 Eier (pro Person und nach Geschmack)

## So wird es gemacht:

☺ Fleischstück in Öl scharf anbraten, dann in dünne Streifen schneiden (1 cm lang und 0,5 cm breit) und beiseitestellen.
☺ Zwiebeln, Karotten und Knoblauch mit etwas Öl in einem Topf dünsten, bis die Zwiebeln glasig sind ➟ Peperoni, Chilipulver, Oregano und Salz zu den Zwiebeln geben und gut vermengen, dann Fleischstücke untermengen ➟ Kartoffeln und Petersilie in den Topf geben, ca. 4 Tassen heißes Wasser darüber gießen, umrühren, zum Kochen bringen, dann bei mittlerer Hitze kochen lassen, bis die Kartoffeln gar sind ➟ mit Salz abschmecken ➟ Topf auf dem Herd lassen.
☺ Die Eier einzeln aufschlagen und langsam in die Suppe geben, dann köcheln lassen, bis die Eier gestockt sind ➟ Suppe in eine Suppenschüssel geben, ein gestocktes Ei darauf geben und servieren.

74

75

Vermerk:
Man kann die einzelnen Eier aufschlagen, in eine tiefe Kelle geben und langsam in die Suppe geben, dabei darf die Suppe nicht brodeln.

**********

# Hauptgerichte Fleisch- und Gemüsegerichte

## Fleisch und Muschel Eintopf

### Zutaten:

2 spanische Gewürzwürste, in Scheiben schneiden

500 g Fleischstück, in Streifen (ca. 2 bis 2,5 cm dick) schneiden

1 Hähnchenbrust, vierteln

1 bis 2 Dutzend verschiedene Muschelsorten, nur geschlossene Muscheln verwenden und gründlich waschen

1 Zwiebel, schälen und in Streifen schneiden

2 bis 3 Knoblauchzehen, schälen und fein hacken

1/2 Tasse frische Erbsen

2 Karotten, Stielansätze abschneiden, schälen und in Scheiben schneiden

2 bis 3 Kartoffeln, schälen und vierteln

1 Paprikaschote, halbieren, Stielansatz und Samen entfernen und in Streifen schneiden

1 Lauchstange, Stielansatz abschneiden, gewelkte Blätter entfernen und in Scheiben schneiden

1/2 Bund Petersilie, Blätter waschen und hacken
1 bis 2 Teelöffel „Unsere Gewürzmischung“ (siehe Seite 13)
Salz
Pfeffer
Eventuell Weißwein
Öl

## So wird es gemacht:

☺ Öl in einem Topf bei mittlerer Hitze erhitzen, Fleischstücke dazugeben und braten, bis sie Farbe annehmen, Zwiebel, Hähnchenfleisch, Gewürze, Salz, Pfeffer, Paprikaschote und Karotten untermengen und ca. 10 bis 15 Minuten kochen lassen ➡ Knoblauch darüber verteilen, dann Wurstscheiben, Kartoffeln, Lauch, Muscheln und Petersilie darüber geben ➡ etwas Salz darüber streuen, dann 1 Tasse Wasser und/oder 1 Tasse Wein darüber gießen, Topf zudecken und weitere 10 bis 15 Minuten kochen lassen, bis die Muscheln sich öffnen ➡ heiß servieren.

Vermerk:
Nach dem Kochen, nur offene Muscheln essen, geschlossene Muscheln entfernen.

✪✪✪✪✪✪✪✪✪✪

# Fleischeintopf

## Zutaten:

500 g Fleisch in Würfel schneiden, ca. 3 bis 4 cm, salzen und pfeffern
100 g geräuchertes Fleischstück, in Würfel schneiden
1 Maiskolben, in Scheiben schneiden
1 bis 2 Karotten, Stielansätze abschneiden, schälen und in dicke Scheiben schneiden
4 bis 5 kleine Kartoffeln, schälen und halbieren
Handvoll frische Erbsen
Ca. 100 g gewürfelter Kürbis
Handvoll grüne Bohnen, vierteln
1 Paprikaschote, halbieren, Stielansatz und Kerne entfernen, in Streifen schneiden dann halbieren
1/2 Tasse gehackte Sellerieblätter
1/2 Tasse Langkornreis, waschen
2 mittelgroße Tomaten, hacken
2 bis 3 Knoblauchzehen, schälen und fein hacken oder mit etwas Salz zerdrücken
1 Zwiebel, schälen und hacken
1 bis 2 Esslöffel frische Korianderblätter, hacken
2 Esslöffel gekackte Petersilie
1 Teelöffel getrockneter Oregano
1 Teelöffel mildes Paprikapulver
1/4 Teelöffel Kreuzkümmelpulver
Prise Chilipulver
Eventuell etwas Kurkumapulver, färbt das Gericht etwas gelb
Salz
Pfeffer
Öl

## So wird es gemacht:

☺ Fleischwürfel in einen Topf geben, 5 bis 6 Tassen kaltes Wasser darüber geben, Topf zudecken und zum Kochen bringen, dann bei mittlerer Hitze ca. 40 Minuten kochen lassen, bis das Fleisch gar ist.

☺ Etwas Öl in einer Pfanne erhitzen, Zwiebeln dazugeben und glasig dünsten, Knoblauch untermengen und kurz dünsten ➟ Tomaten, Koriander, Oregano, Kreuzkümmel, Chili, Kurkuma, Salz und Pfeffer zu den Zwiebeln geben, gut vermengen und ca. 1 Minute dünsten ➟ Pfanneninhalt zum Fleisch geben und rühren.

☺ Kartoffeln, Reis, Mais, Sellerieblätter, Karotten und Petersilie zum Fleisch geben und ca. 10 Minuten bei mittlerer Hitze kochen lassen, danach die Bohnen, Erbsen, Kürbis und Paprikaschote zum Fleisch geben und ein paar Minuten kochen lassen, bis das Gemüse gar ist ➟ mit Salz und Pfeffer abschmecken und heiß servieren.

✪✪✪✪✪✪✪✪✪✪

# Eintopf mit Riesenweißmais

## Calapurca

Riesenweißmais bekommt man in südamerikanischen Lebensmittelläden oder über das Internet. 200 g kosten ca. 3€

### Zutaten:

100 g Riesenweißmais*, in kaltem Wasser einige Stunden einweichen
250 g Fleischstück, in Würfel schneiden
1 bis 2 Hähnchenbrüste
4 bis 5 mittelgroße Kartoffeln, schälen und vierteln
2 bis 3 Karotten, Stielansätze abschneiden, schälen und in Scheiben schneiden
Handvoll Langkornreis, waschen
1 lange milde Peperoni, Stielansatz abschneiden, der Länge nach halbieren, Samen entfernen und würfeln
1 Zwiebel, schälen und hacken
2 bis 3 Knoblauchzehen, schälen und hacken oder mit etwas Salz zerdrücken
2 bis 3 Esslöffel gehackte Petersilie
1 Teelöffel mildes Paprikapulver
1/4 Teelöffel Kreuzkümmelpulver
Prise Chilipulver
Salz
Pfeffer
Öl

Vermerk:
* Ersatzweise normale Maiskörner

## So wird es gemacht:

☺ Fleischstücke in einen Topf geben und mit Wasser bedecken ➡ salzen, Topf zudecken und kochen lassen, bis das Fleisch sehr gar ist und fast von alleine zerfällt ➡ Fleischstücke aus der Brühe nehmen, abkühlen lassen, dann mit den Händen auseinandernehmen und beiseitestellen. Brühe aufbewahren.

☺ Hähnchenbrust wie das Fleisch gar kochen, aus der Brühe nehmen, zerkleinern und beiseitestellen.

☺ Brühe durch ein Sieb geben und in einem Topf auffangen, man braucht ca. 5 Tassen Flüssigkeit zum Weiterkochen ➡ Riesenweißmais in den Topf geben, zudecken und kochen lassen, bis der Mais gar ist. Inzwischen die restlichen Zutaten bearbeiten.

☺ Kartoffeln und Karotten in Salzwasser gar kochen, in ein Sieb geben und abtropfen lassen.

☺ Etwas Öl in einer tiefen Pfanne erhitzen, Zwiebeln dazugeben und glasig dünsten, Knoblauch untermengen und kurz dünsten ➡ Peperoni und Gewürze zu den Zwiebeln geben, gut vermengen und kurz dünsten, dann die beiden Fleischsorten untermengen, abschmecken und wenn die Maiskörner gar sind, Fleischmischung dazugeben, abschmecken, kurz aufkochen lassen, in eine Servierschale geben, mit Petersilie garnieren und heiß servieren.

✪✪✪✪✪✪✪✪✪✪

# Fleisch-Tomateneintopf

## Zutaten:

250 g Hackfleisch
2 bis 3 große Tomaten
1 kleine Dose gehackte Tomaten
1 große Zwiebel, schälen und hacken
2 bis 3 Knoblauchzehen, schälen und fein hacken, oder mit etwas Salz zerdrücken
1 Paprikaschote, halbieren, Stielansatz und Samen entfernen und in kleine Würfel schneiden
1 Tasse geviertelte grüne Bohnen
1 bis 2 Karotten, Stielansätze abschneiden, schälen, der Länge nach halbieren und in Scheiben schneiden
Maiskörner von 1 Maiskolben. Ersatzweise 1 kleine Dose Mais
1 Esslöffel gehackte Petersilie
1 Esslöffel gehackter Basilikum
1 Teelöffel mildes Paprikapulver
Prise Chilipulver
Salz
Pfeffer
Öl

# So wird es gemacht:

76

77

☺ Tomatenhaut mit einem Messer anritzen, in eine Schale oder einen Topf geben, mit kochendem Wasser überbrühen, kurz warten, dann die Tomaten in kaltes Wasser geben, rausnehmen, Haut abziehen und hacken.
☺ Ein paar Esslöffel Öl in einen Topf geben und erhitzen ➡ Hackfleisch im heißen Öl braten, bis die Flüssigkeit verdampft ist und das Hack Farbe annimmt ➡ Zwiebeln und Knoblauch untermengen und glasig dünsten ➡ gewürfelte Paprikaschote, gehackte Tomaten, Tomaten aus der Dose mit Saft, Salz, Pfeffer und Gewürze dazugeben und gut vermengen ➡ Bohnen, Karotten und Mais untermengen, umrühren, Topf zudecken und ca. 30 bis 40 Minuten köcheln lassen, bis das Gemüse gar ist. Kurz vor dem Ende der Kochzeit, Petersilie und Basilikum untermengen ➡ Falls die Flüssigkeit verdampft ist, etwas Wasser dazugeben ➡ abschmecken und heiß servieren.

✪✪✪✪✪✪✪✪✪✪

# Innereien Eintopf

## Zutaten:

500 g Leber, Niere und Herz. Fett, Blutgefäße und Knorpel abschneiden und entfernen, dann in ca. 4 cm Würfel schneiden, waschen, in ein Sieb geben und abtropfen lassen
1 große Zwiebel, schälen und hacken
2 bis 3 Knoblauchzehen, schälen und fein hacken oder mit etwas Salz zerdrücken
2 Karotten, Stielansätze abschneiden, schälen und in Scheiben schneiden
1 Tasse gewürfeltes Kürbisfruchtfleisch
1 Esslöffel gehackter Basilikum
1 Esslöffel Sojasoße
1 Teelöffel „Unsere Gewürzmischung", siehe Seite 13
Salz
Pfeffer
Öl

## So wird es gemacht:

☺ Die gewürfelten Innereien in eine Schale geben, Knoblauch, Sojasoße, Gewürze, Salz und Pfeffer dazugeben und gut vermengen, dann ca. 30 Minuten stehen lassen.
☺ Etwas Öl in einem Topf erhitzen ➟ Zwiebeln im heißen Öl glasig dünsten ➟ die eingelegten Innereien und Karotten zu den Zwiebeln geben, gut vermengen und scharf anbraten, dann 1 bis 1,5 Tassen Wasser darüber gießen und kochen lassen, bis die Innereien gar sind ➟ Kürbis und Basilikum untermengen, Topf zudecken und ca. 10 Minuten kochen lassen, bis die Kürbisstücke gar sind ➟ abschmecken und heiß mit Reis oder Brot servieren.

✪✪✪✪✪✪✪✪✪✪

# Charquicán

## Zutaten:

250 g Fleischstück, in kleine Würfel schneiden (ca. 0,5 cm), waschen und abtropfen lassen
100 g Kürbis, in große Stücke schneiden
Ca. 250 g kleine Kartoffeln, schälen
1/2 Tasse frische Erbsen
1/2 Tasse frische Maiskörner. Ersatzweise aus der Dose
150 bis 200 g Blattspinat, gründlich waschen
1 Zucchini, Stielansatz abschneiden, der Länge nach halbieren und in Scheiben schneiden
1 große Zwiebel, schälen und hacken
1 bis 2 Knoblauchzehen, schälen und hacken
1 Teelöffel mildes Paprikapulver
1/4 Teelöffel Kreuzkümmelpulver
1/2 Teelöffel getrockneter Oregano
Salz und Pfeffer
Öl

## So wird es gemacht:

☺ Ein paar Esslöffel Öl in einen Topf geben und erhitzen ➡ Zwiebeln im heißen Öl glasig dünsten, dann die Fleischwürfel, Knoblauch, Salz, Pfeffer, Kreuzkümmel und Oregano zu den Zwiebeln geben, gut vermengen und braten, bis das Fleisch Farbe annimmt und die Flüssigkeit verdampft ist ➡ 2 Tassen heißes Wasser zum Fleisch geben und kochen lassen, bis das Fleisch weich ist ➡ Kartoffeln und Maiskörner untermengen und kochen, bis die Kartoffeln fast gar sind, dann die restlichen Zutaten dazugeben, abschmecken und kochen lassen, bis alle Gemüsesorten gar sind.

☺ Topf vom Herd nehmen und mit einer Gabel die Kartoffeln und Kürbisstücke grob pürieren und heiß servieren.
Eventuell ein Spiegelei auf jede Portion geben.

# Kartoffelauflauf

## Zutaten:

500 g Kartoffeln, schälen und vierteln
250 g Hackfleisch oder Fleischstück, in kleine Würfel schneiden
Handvoll Rosinen ohne Kerne
Handvoll schwarze Oliven ohne Kerne, halbieren
2 Eier
2 mittelgroße Zwiebeln, schälen und hacken
Milch
1 Teelöffel Kreuzkümmelpulver
1 Teelöffel oder mehr mildes Paprikapulver
Salz
Pfeffer
Öl
Butter

## So wird es gemacht:

☺ Kartoffeln in Salzwasser gar kochen, in ein Sieb geben und abtropfen lassen ➡ die gekochten Kartoffeln in eine Schale geben, etwas Milch und 1 Esslöffel Butter dazugeben und pürieren ➡ abschmecken und beiseitestellen.
☺ Eier kochen, schälen und in Scheiben schneiden.
☺ Backofen auf 180ºC vorheizen.
☺ Ein paar Esslöffel Öl in einer tiefen Pfanne erhitzen ➡ Zwiebeln im heißen Öl glasig dünsten, dann Fleischwürfel oder Hack, Paprikapulver, Kreuzkümmel, Salz und Pfeffer dazugeben und braten, bis das Fleisch gar ist. Eventuell etwas Wasser dazugeben ➡ Pfanne vom Herd nehmen.
☺ Zuerst gebratenes Fleisch in eine Auflaufform geben oder in 4 kleine feuerfeste Formen geben, Rosinen und Oliven darauf verteilen, dann die Eierscheiben und alles mit Kartoffelpüree bedecken, dann in den Backofen schieben und

ca. 10 bis 15 Minuten backen, bis die Oberfläche eine goldbraune Farbe annimmt und heiß servieren.

✪✪✪✪✪✪✪✪✪✪

# Weißkohl mit Fleisch

## Guiso de Fausto

### Zutaten:

Ca. 500 g Weißkohlblätter, in dünne Streifen schneiden und waschen
250 g Fleischstück, in dünne Streifen schneiden (2x0,5 cm), waschen und abtropfen lassen
1 Zwiebel, schälen und hacken
1 bis 2 Knoblauchzehen, schälen und fein hacken oder mit etwas Salz zerdrücken
1 mittelgroße Karotte, Stielansatz abschneiden und in dünne Scheiben schneiden
1 Paprikaschote, halbieren, Stielansatz und Samen entfernen, dann quer und in dünne Streifen schneiden
1 große Tomate, in kleine Würfel schneiden
2 Kartoffeln, schälen und würfeln
1/2 bis 1 Tasse Tomatensaft
1 Teelöffel oder mehr mildes Paprikapulver
1 Teelöffel getrockneter Oregano
1/4 Teelöffel Korianderpulver, falls möglich 2 Esslöffel gehackte Korianderblätter
1/2 Teelöffel „Unsere Gewürzmischung“, siehe Seite 13
Salz
Pfeffer
Öl

## So wird es gemacht:

☺ Fleischwürfel, Zwiebeln, Knoblauch, die Hälfte der Gewürze, Salz und Pfeffer in eine Schale geben und gut vermengen.
☺ Ein paar Esslöffel Öl in einem Topf erhitzen ➟ Fleischmasse in das heiße Öl geben und braten, bis sie Farbe annimmt ➟ Tomaten zum Fleisch geben und dünsten, bis viel Flüssigkeit verdampft ist ➟ Tomatensaft darüber geben, umrühren und köcheln lassen, bis das Fleisch gar ist. Falls die Flüssigkeit fast verdampft ist, Tomatensaft oder Wasser darüber gießen ➟ die restlichen Zutaten und Gewürze dazugeben, gut vermengen und köcheln lassen, bis das Gemüse gar ist ➟ heiß mit Reis und/oder Salat servieren.

✪✪✪✪✪✪✪✪✪✪

# Maisauflauf

## Zutaten:

1 große oder 2 kleine Dosen Mais
1 Hähnchenbrust, in Würfel schneiden
250 g Hackfleisch
1 bis 1½ Tassen Milch
Handvoll Oliven ohne Kerne, halbieren
2 Eier
1 Zwiebel, schälen und hacken
2 Knoblauchzehen, schälen und fein hacken oder mit etwas Salz zerdrücken
Frische Basilikumblätter von 2 bis 3 Halmen
1 Teelöffel „Unsere Gewürzmischung“, siehe Seite 13
1 Teelöffel mildes Paprikapulver
Prise Zucker
Salz
Pfeffer
Öl
Butter

## So wird es gemacht:

☺ Die Eier hart kochen, schälen, in Scheiben schneiden und beiseitestellen.
☺ Die Gewürze, auch Basilikum, Salz und Pfeffer, in eine kleine Schale geben und gut vermengen.
☺ Backofen auf 180°C vorheizen.
☺ Etwas Öl in einer Pfanne erhitzen, Hähnchenwürfel in die Pfanne geben, etwas Gewürze darüber geben und braten, bis das Fleisch gar ist, aus der Pfanne nehmen und beiseitestellen.
☺ In der gleichen Pfanne die Zwiebeln glasig dünsten, Knoblauch und Hackfleisch dazugeben, dann die restlichen Gewürze darüber geben und gut vermengen ➠ wenn das Hack goldbraune Farbe annimmt, Pfanne vom Herd nehmen und beiseitestellen.
☺ Maiskörner, Milch und eine Prise Zucker in eine Küchenmaschine geben und pürieren. Falls die Masse sehr dickflüssig ist, etwas Milch dazugeben. Die Masse darf auch nicht so dünn sein ➠ Maispüree in eine tiefe Pfanne geben und bei mittlerer Hitze kochen lassen, bis das Püree cremig wird ➠ Pfanne vom Herd nehmen.
☺ Hackfleischmasse in eine Auflaufform geben oder in 4 kleinen tiefe feuerfeste Schalen geben ➠ gebratene Hähnchenwürfel auf dem Hack verteilen, dann die Eierscheiben und Oliven, danach mit Maispüree bedecken und im Backofen für ca. 15 bis 20 Minuten backen ➠ heiß mit Salat servieren.

✪✪✪✪✪✪✪✪✪✪

# Ziegenpott

## Zutaten:

1 kg Ziegenfleisch mit Knochen
2 bis 3 Kartoffeln, schälen und in dicke Scheiben schneiden
1 Karotte, Stielansatz abschneiden, schälen und in Scheiben schneiden
1 Zwiebel, schälen und in Scheiben schneiden
2 bis 3 Knoblauchzehen, hacken
1 Teelöffel mildes Paprikapulver
1 Teelöffel getrockneter Oregano
Ein paar Esslöffel Essig
Salz
Pfeffer
Öl

## So wird es gemacht:

☺ Backofen auf 180°C vorheizen.
☺ Knoblauch, Paprikapulver, Oregano, etwas Salz und Pfeffer in einen Mörser geben und zerdrücken ➟ ein paar Esslöffel Öl und Essig dazugeben und gut verrühren.
☺ Kartoffeln, Karotten und Zwiebeln in einen Schmortopf geben, etwas Knoblauchmarinade darüber geben, gut vermengen und im Topf verteilen ➟ Fleischstück auf das Gemüse geben, die restliche Marinade darüber geben ➟ Schmortopf in den Backofen schieben und ca. 30 bis 40 Minuten garen. Zwischendurch das Fleisch umdrehen ➟ heiß mit Reis und Salat oder Soße servieren.

✪✪✪✪✪✪✪✪✪✪

# Gekochtes Lammfleisch

## Zutaten:

1 kg oder mehr Lammfleisch mit Knochen, in Teile schneiden und mit Salz und Pfeffer bestreuen
1 große Zwiebel, schälen und in Scheiben schneiden
4 bis 5 Knoblauchzehen, schälen und halbieren
2 bis 3 Kartoffeln, schälen und in Scheiben schneiden
1/2 Teelöffel mildes Paprikapulver
Salz
Pfeffer
Öl
Tomatensaft oder 1 Esslöffel Tomatenmark in ca. 1/2 Tasse warmem Wasser auflösen
Limetten oder Zitronensaft
Gehackte Petersilie

## So wird es gemacht:

☺ Ein paar Esslöffel Öl in einer großen Pfanne erhitzen ➟ Fleischstücke im heißen Öl von beiden Seiten ca. 5 Minuten braten, Knoblauch dazugeben und weiter braten, bis das Fleisch goldbraune Farbe annimmt ➟ Tomatensaft, ca. 1/4 Tasse Wasser, Limettensaft und Paprikapulver zum Fleisch geben, Pfanne zudecken und köcheln lassen, bis das Fleisch sehr gar und viel Flüssigkeit verdampft ist ➟ Pfanne vom Herd nehmen. Inzwischen die Kartoffeln bearbeiten.

☺ Die Kartoffeln in einer Pfanne mit etwas Öl halbgar braten, Zwiebeln untermengen und weiter braten, bis die Kartoffeln gar sind ➟ Salzen und pfeffern und in eine Servierschale geben ➟ gebratene Fleischstücke mit Saft über die Kartoffeln geben, mit Petersilie bestreuen und heiß servieren.

✪✪✪✪✪✪✪✪✪✪

# Fleischrolle mit Gemüse
# Carne de Malaya

## Zutaten:

1 bis 1,5 kg Brustfleisch vom Rind* (oder Rouladenfleisch)
2 Eier
3 Karotten, Stielansätze und Spitzen abschneiden und in dünne Streifen schneiden
250 g weißer oder grüner Spargel, harte Stielenden abschneiden und schälen. Schalen und Stielenden aufbewahren
Handvoll grüne Bohnen, Stielansätze und Spitzen abschneiden und die Fäden zwischen Spitze und Stiel abziehen
1 lange milde Peperoni, Stielansatz abschneiden, der Länge nach halbieren, Samen entfernen und in dünne Streifen schneiden
1 Bund Petersilie, harte Stiele abschneiden und grob hacken
3 bis 4 Knoblauchzehen, schälen und die Hälfte mit etwas Salz zerdrücken
1 Zwiebel, schälen
1 kleine Zwiebel, schälen, halbieren und in dünne Streifen schneiden
Ein paar Nelken
1 Teelöffel getrockneter Oregano
1 bis 2 Teelöffel „Unsere Gewürzmischung“, siehe Seite 13
Salz
Pfeffer
Bratschlauch

78

Vermerk:
*Die meisten Schlachter haben kein Brustfleisch auf Lager, deswegen muss man vorher bestellen.

## So wird es gemacht:

☺ Die Eier hart kochen, Schale entfernen, halbieren und beiseitestellen.

☺ Das Brustfleisch soll ca. 1 bis 1,5 cm dick sein. Wenn man das nicht selber schneiden kann, kann der Schlachter darum gebeten werden.

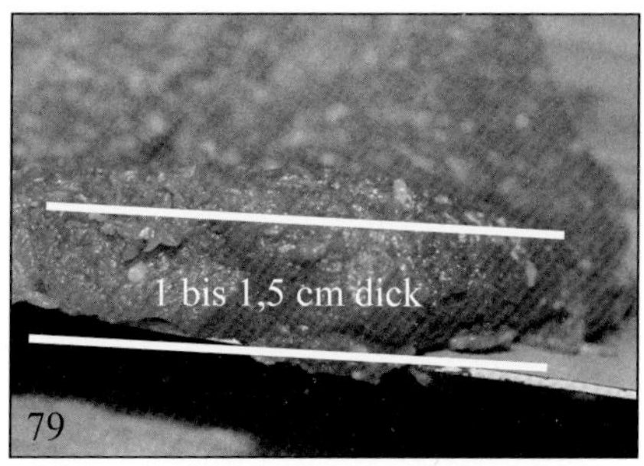

79

☺ Gemüse, Zwiebelstreifen und mehr als die Hälfte der gehackten Petersilie in eine Schale geben, mit Salz, Pfeffer und Gewürzen bestreuen und gut vermengen.

☺ Fleischstück auf die Arbeitsfläche legen, mit Knoblauchpaste bestreichen, etwas Petersilie darauf verteilen, dann mit Salz, Pfeffer und Gewürzen bestreuen.

80

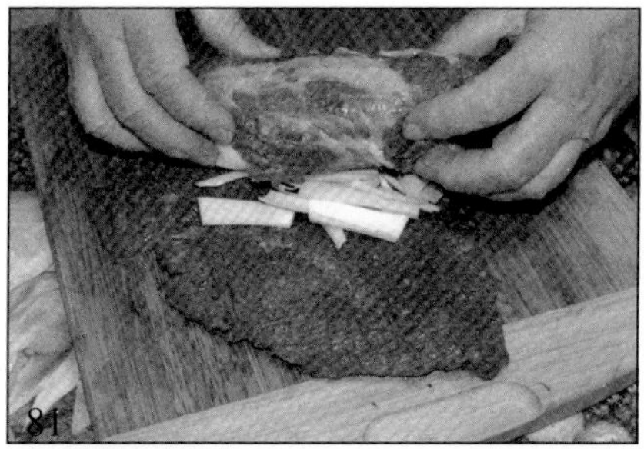
81

☺ Abb. 80 und 81, Brustfleisch bearbeiten:
Gemüse auf das Fleisch legen und mit Oregano bestreuen, dann die Eier darauf geben und das Fleisch zu einer Rolle formen.

82

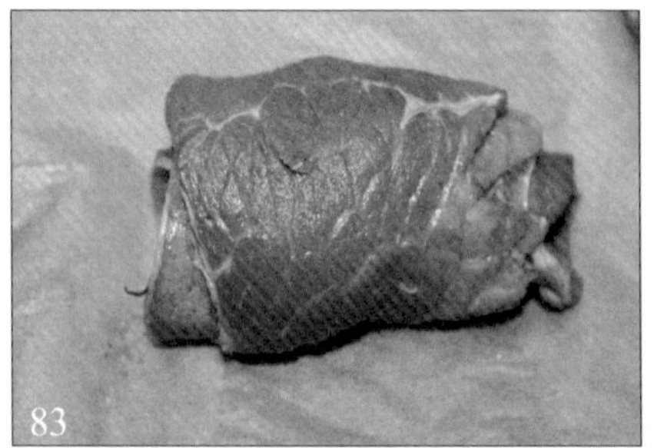
83

☺ Rouladenfleisch füllen und rollen (Abb. 82 und 83).

84

85

☺ Stück vom Bratschlauch abschneiden (länger als die Fleischrolle) und die Fleischrolle reinlegen, dann die Folie stramm um das gefüllte Fleisch rollen ➡ ein Ende mit einem Faden verbinden, dann den Faden stramm um die Rolle wickeln und das zweite Ende mit dem Faden verbinden.

86

87

☺ Fleischrolle in einen Topf geben ➡ mit Wasser bedecken, dann Zwiebeln, Nelken, Spargelschalen und Endstücke und Knoblauch dazugeben, Topf zudecken und zum Kochen bringen, dann bei mittlerer Hitze 1½ bis 2 Stunden kochen lassen.

Falls viel Wasser beim Kochen verdampft ist, kochendes Wasser darüber geben.

☺ Fleischrolle aus der Folie nehmen, in Scheiben schneiden und servieren.

88

✪✪✪✪✪✪✪✪✪✪

Jackfrucht

# Fleischrolle mit Spinat

## Zutaten:

250 g frischer Blattspinat. Ersatzweise Mangold
2 große Tomaten, in Scheiben schneiden
1 rote Zwiebel, schälen und in dünne Scheiben schneiden
1 lange milde Peperoni, Stielansatz abschneiden, der Länge nach halbieren, Samen entfernen und in dünne Streifen schneiden
1 Stück Brustfleisch
1 Teelöffel mildes Paprikapulver
Prise Chilipulver
Salz
Pfeffer
Bratschlauch

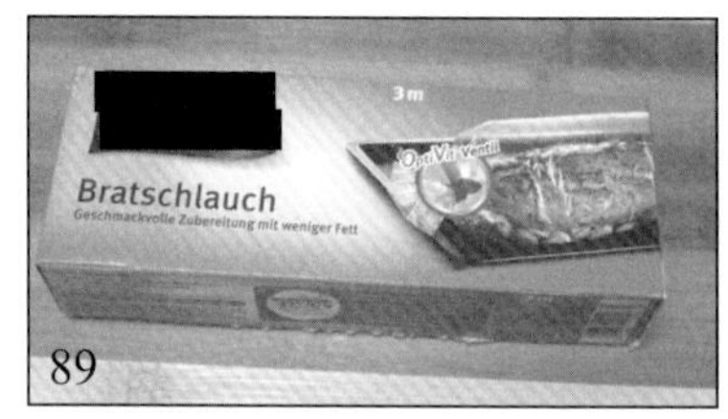

89

## So wird es gemacht:

☺ Bruststücke in Rechtecke schneiden und mit der inneren Seite nach oben auf den Arbeitstisch legen, mit Paprikapulver, Chilipulver, Salz und Pfeffer bestreuen ➞ Spinat oder Mangoldblätter auf der ganzen Fläche verteilen, Tomaten, Zwiebeln und Peperoni gleichmäßig darauf verteilen, dann zu einer Rolle formen (siehe Seite 73).
☺ Stück vom Bratschlauch abschneiden (länger als die Fleischrolle) und die Fleischrolle reinlegen, dann die Folie stramm um das gefüllte Fleisch rollen ➞ ein Ende mit einem Faden verbinden, dann den Faden stramm um die Rolle wickeln und das zweite Ende mit dem Faden verbinden.
☺ Fleischrolle in einen Topf geben, mit Wasser bedecken und Topf zudecken, dann zum Kochen bringen und bei mittlerer Hitze 1½ bis 2 Stunden kochen lassen.
Falls viel Wasser beim Kochen verdampft ist, kochendes Wasser darüber geben.

☺ Fleischrolle aus der Folie nehmen, in Scheiben schneiden und servieren.

✪✪✪✪✪✪✪✪✪✪

# Mariniertes Brustfleisch Variante 1 - Gegrillt

## Zutaten:

1 großes Stück Brustfleisch vom Rind*, in 2 Stücke schneiden (ca. 1,5 bis 2 cm dick)
1 große Zwiebel, schälen und hacken
3 bis 4 Knoblauchzehen, schälen und hacken oder mit etwas Salz zerdrücken
1 Esslöffel Sojasoße oder 1/4 Tasse Rotwein oder beides
3 bis 4 Lorbeerblätter
Handvoll Korianderblätter, hacken
Ein paar Esslöffel gehackte Petersilie
1 Teelöffel mildes Paprikapulver
1 kleine Chilischote, hacken oder Chilipulver
Öl
Salz
Pfeffer

Vermerk:
*Die meisten Schlachter haben kein Brustfleisch auf Lager, deswegen muss man vorher bestellen.

## So wird es gemacht:

☺ Die inneren und äußeren Seiten des Fleisches von Fett und Sehnen mit einem scharfen Messer befreien.

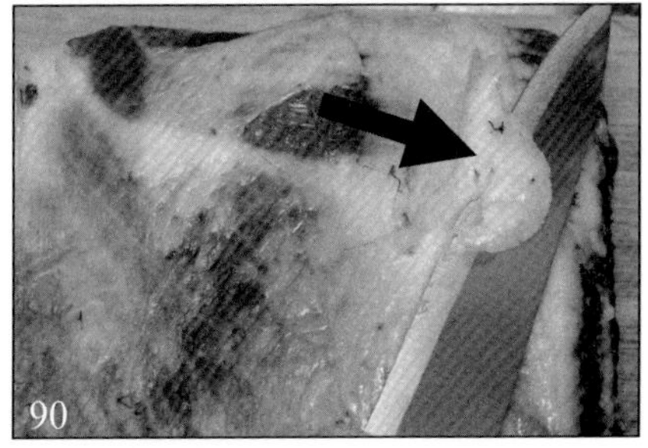
90

☺ Alle Zutaten für die Marinade in eine Schale geben und gut vermengen ➟ Bruststücke in die Marinade geben und wälzen, dann 3 bis 4 Stunden stehen lassen. Zwischendurch wenden.

☺ Grill mit Holzkohle vorheizen.

91

92

93

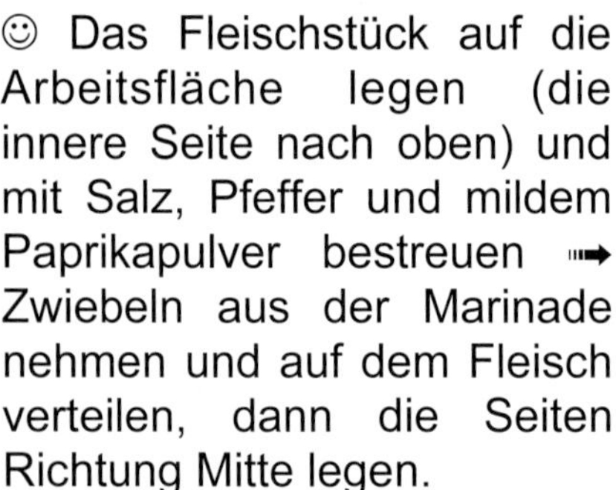

☺ Das Fleischstück auf die Arbeitsfläche legen (die innere Seite nach oben) und mit Salz, Pfeffer und mildem Paprikapulver bestreuen ➟ Zwiebeln aus der Marinade nehmen und auf dem Fleisch verteilen, dann die Seiten Richtung Mitte legen.

☺ Fleischstück in eine Grillpfanne aus Maschendraht (siehe Abb. 95) legen und über der vorgeheizten Holzkohle von beiden Seiten grillen. Zwischendurch mit Marinade bepinseln. Man kann auch Spieße verwenden.

94

95

☺ Die gegrillten Bruststücke in Scheiben schneiden und mit

Soßen, Salat, Kartoffeln oder Reis servieren.

Vermerk:

Das Fleisch kann auch im Backofen gegart werden.

✪✪✪✪✪✪✪✪✪✪

# Mariniertes Brustfleisch Variante 2, im Topf gegart

## Zutaten:

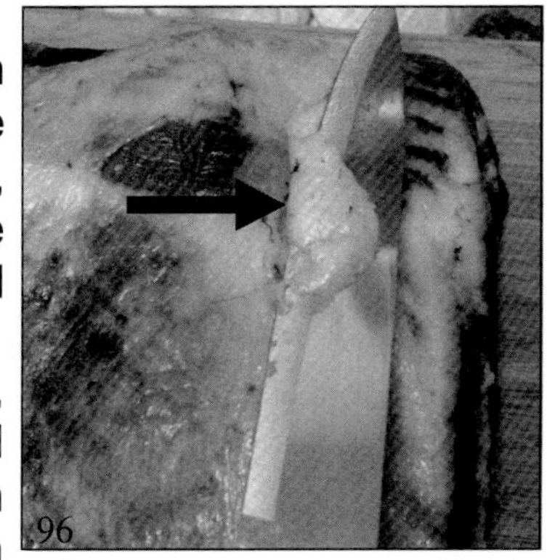


1 Stück Brustfleisch vom Rind, in große Stücke schneiden, innere und äußere Seite von Fett und Sehnen befreien.

1 bis 2 Karotten, Stielansätze und Enden abschneiden und in feine Streifen hobeln

1 große Zwiebel, schälen und hacken

3 bis 4 Knoblauchzehen, schälen und hacken oder mit etwas Salz zerdrücken

1 Esslöffel Sojasoße oder 1/4 Tasse Rotwein oder beides

3 bis 4 Lorbeerblätter

Handvoll Korianderblätter, hacken

Ein paar Esslöffel gehackte Petersilie

1 Teelöffel mildes Paprikapulver

1 kleine Chilischote, hacken oder Chilipulver

1 Tasse Tomatensaft. Ersatzweise 2 bis 3 Esslöffel Tomatenmark in 1 Tasse warmem Wasser auflösen

Öl

Salz und Pfeffer

## So wird es gemacht:

97

☺ Alle Zutaten außer Fleisch in eine Schale geben und gut vermengen, Fleischstücke in die Marinade geben, gut vermengen und 3 bis 4 Stunden stehen lassen.

☺ In einem großen Kochtopf ein paar Esslöffel Öl erhitzen, Fleischstücke im heißen Öl (nicht alle Stücke auf einmal) scharf braten, aus dem Topf nehmen und beiseitestellen.

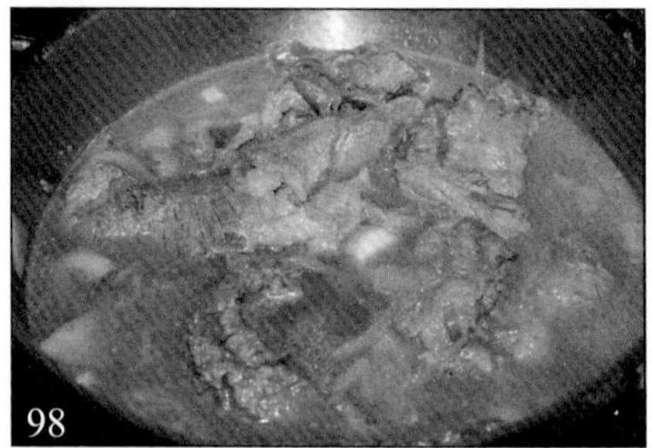
98

☺ Im gleichen Topf, Zwiebeln und Karotten weich dünsten, Marinade und Fleischstücke dazugeben und gut vermengen ➟ 2 Tassen Wasser darüber geben, Topf zudecken und kurz zum Kochen bringen, dann bei mittlerer Hitze kochen lassen, bis das Fleisch gar und viel Flüssigkeit verdampft ist.

99

☺ Fleischstücke und Lorbeerblätter aus dem Topf nehmen und das Fleisch warm halten ➟ Topf vom Herd nehmen, Tomatensaft in den Topf geben und mit einem Pürierstab pürieren ➟ Topf wieder auf den Herd stellen, Fleischstücke in die Soße geben und bei mittlerer Hitze kochen lassen, bis die Fleischstücke sehr gar sind ➟ heiß mit

100

Reis oder Kartoffeln, Salat und Soße servieren.

✪✪✪✪✪✪✪✪✪✪

# Gebackene Rippchen

## Zutaten:

1 bis 1,5 kg Rippchen, waschen und abtrocknen
3 bis 4 Knoblauchzehen, schälen und mit etwas Salz zerdrücken
1 kleine Zwiebel, schälen und hacken
1/4 Teelöffel Kreuzkümmelpulver
Chilipulver, Menge nach Geschmack
Salz
Pfeffer
Ein paar Esslöffel Rotweinessig
1/2 Tasse Olivenöl

## So wird es gemacht:

☺ Alle Zutaten, außer Fleisch, in eine große Schale geben und gut vermengen ➟ Rippchen in die Marinade geben, gut vermengen und ca. 30 Minuten stehen lassen.
☺ Backofen auf 180°C vorheizen.
☺ Rippchen auf einem Backblech flach verteilen, dann mit Marinade bestreichen und im Backofen ca. 40 bis 50 Minuten backen. Zwischendurch wenden und mit Marinade bestreichen ➟ heiß mit Salat und gekochten Kartoffeln servieren.

Vermerk:
Dünne Rippchen brauchen nicht so viel Zeit zum garen (ca. 30 Minuten).
Die in Marinade eingelegten Rippchen könne auch gegrillt werden.

✪✪✪✪✪✪✪✪✪✪

# Gefüllte Kohlblätter

## Zutaten:

101 - Wirsingkohl

1 kleiner Weißkohl, Sorte nach Belieben
100 bis 150 g Hackfleisch
1 Tasse Langkornreis, waschen und abtropfen lassen
1 große Tomate, hacken
2 große Zwiebeln, schälen:
1 Zwiebel fein hacken
1 Zwiebel in Scheiben schneiden

102 - Weißkohl

2 bis 3 Knoblauchzehen, schälen und mit etwas Salz zerdrücken
1 Bund Petersilie, Blätter waschen und grob hacken
1 lange milde Peperoni, Stielansatz abschneiden, der Länge nach halbieren, Samen entfernen und hacken
1 kleine Chilischote, ganz lassen
1 Karotte, Stielansatz abschneiden, schälen und in Scheiben schneiden
1 Teelöffel mildes Paprikapulver
1/2 Teelöffel Kreuzkümmelpulver
1 bis 2 Teelöffel getrockneter Oregano
2 Tassen Tomatensaft
Öl
Salz
Pfeffer

## So wird es gemacht:

☺ Füllung vorbereiten:
Reis, Hackfleisch, gehackte Tomaten, gehackte Zwiebeln, Knoblauchpaste, Petersilie, gehackte Peperoni und Gewürze in eine Schale geben, mit der Hand gut vermengen und beiseitestellen.

103

☺ Kohlblätter füllen und kochen:

☺ Weißkohlblätter vom Kopf lösen und gründlich waschen. Dann die Blätter kurz in Salzwasser kochen lassen, damit sie weich werden oder die Blätter über Nacht einfrieren, dann in ein Sieb geben und abtauen lassen ➟ die harten Stellen und das Strunkende abschneiden

104

105

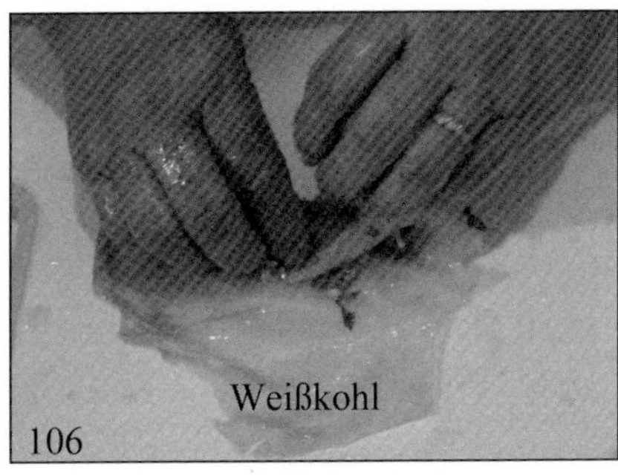

106

☺ Ein Kohlblatt auf die Arbeitsplatte legen, handvoll Füllung nehmen, zu einer länglichen Wurst formen und auf das Blatt geben ➟ eine Seite des Blattes auf die Füllung legen, dann die Seiten nach innen schlagen und das Blatt zu einer Rolle formen und die Rolle in einen Topf legen. Auf die gleiche Art die restlichen Blätter bearbeiten.

☺ Die abgeschnittenen Strunkenden auf die gefüllten Blätter geben.

☺ Topfboden mit Weißkohlblättern belegen.

☺ Tomatensaft, 1 Tasse Wasser, Salz und Pfeffer in eine Schale geben und verrühren, dann über die gefüllten Blätter geben ➟ Karotten, Zwiebelscheiben und Chilischote dazugeben.

☺ Ein schweres Gewicht oder einen Teller auf die gefüllten Blätter stellen, Topf zudecken, kurz aufkochen lassen, dann bei schwacher Hitze ca. 30 bis 40 Minuten köcheln lassen, bis der Reis gar und viel Flüssigkeit verdampft ist. Zwischendurch mit einer Gabel prüfen, ob die Füllung gar ist.

Die gefüllten Blätter können heiß oder kalt mit Salat oder Brot serviert werden.

107

108

109

110 Weißkohl

111 Chinakohl

112 Wirsingkohl

Vermerk:
Die Blätter des Weißkohls lassen sich besser lösen, wenn man den Weißkohlkopf in einen Topf gibt, mit Wasser bedeckt und kurz kocht.

✪✪✪✪✪✪✪✪✪✪

# Grünkern mit weißen Bohnen

## Zutaten:

1 Tasse getrocknete weiße Bohnen, ein paar Stunden in Wasser einweichen, in ein Sieb geben und abtropfen lassen
1/2 Tasse Grünkern, 1 bis 2 Stunden in Wasser einweichen, dann in ein Sieb geben und abtropfen lassen
1 großes Stück Kürbis (ca. 250 g), in große Würfel schneiden
1 große Tomate, hacken
1 Zwiebel, schälen und fein hacken
1 bis 2 Knoblauchzehen, schälen und mit etwas Salz zerdrücken
1 kleine Karotte, Stielansatz abschneiden und schälen
1 Teelöffel „Unsere Gewürzmischung", siehe Seite 13
1 Teelöffel mildes Paprikapulver
Salz
Pfeffer
Öl

## So wird es gemacht:

☺ Karotte in dünne Streifen schneiden, das geht sehr gut mit einem Schälmesser (Abb. 114).

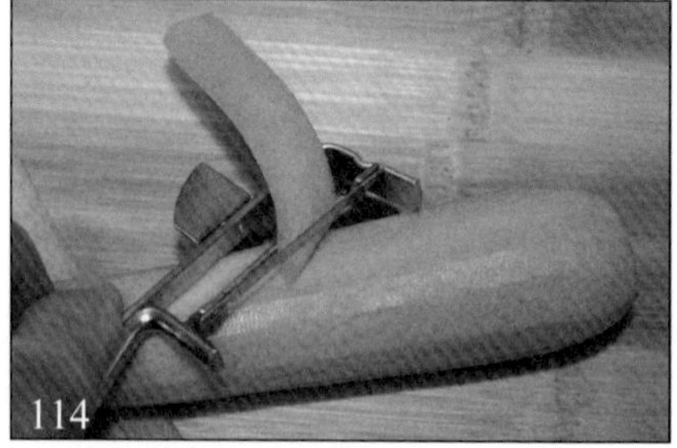
114

☺ Bohnen in einen Topf geben, 2 Tassen Wasser darüber geben (ohne Salz) und kochen lassen, bis sie fast gar sind ➟ Grünkern untermengen ➟ Kürbiswürfel darüber geben und kochen lassen, bis der Kürbis gar ist, dann die Kürbiswürfel aus dem Topf nehmen und pürieren ➠ Topf zudecken und weiter kochen, bis die Bohnen und der Grünkern gar sind. Falls viel Flüssigkeit verdampft ist, etwas heißes Wasser darüber geben. Inzwischen die restlichen Zutaten bearbeiten.

☺ Etwas Öl in einer Pfanne erhitzen, Zwiebeln dazugeben und glasig dünsten, Knoblauchpaste, Tomaten, Karotten, Gewürze, Paprikapulver, Salz und Pfeffer untermengen und dünsten, bis die Karottenstreifen weich sind ➠ Pfanneninhalt zu den Bohnen geben und gut vermengen, dann Kürbispüree dazugeben, umrühren und ein paar Minuten köcheln lassen und heiß servieren.

✪✪✪✪✪✪✪✪✪✪

# Grünkern mit Kartoffeln und Fleisch Papas con Mote

## Zutaten:

1/2 Tasse Grünkern, waschen und 1 bis 2 Stunden in Wasser einweichen
250 g Fleischstück, in kleine Würfel schneiden
250 g Kartoffeln, schälen und in Würfel schneiden
2 bis 3 Knoblauchzehen, schälen und fein hacken
1 mittelgroße Zwiebel, schälen und in kleine Würfel schneiden
1 Tomate, hacken
Großes Stück Kürbis, in Würfel schneiden
1 Teelöffel mildes Paprikapulver
1 Teelöffel „Unsere Gewürzmischung“, siehe Seite 13
Salz
Öl

## So wird es gemacht:

☺ Grünkern in einen Topfe geben, 2 Tassen Wasser darüber geben und kochen lassen, bis er gar ist. Inzwischen die restlichen Zutaten vorbereiten.

☺ Etwas Öl in einer Pfanne erhitzen, Zwiebel dazugeben und glasig dünsten ➟ Knoblauch und Tomaten untermengen und kurz dünsten, Fleischwürfel dazugeben, Paprika, Gewürze und Salz darüber geben, umrühren und knusprig braten ➟ Kartoffeln und Kürbis zum Fleisch geben, gut vermengen und Pfanne vom Herd nehmen.

☺ Wenn der Grünkern gar ist, Pfanneninhalt dazugeben, umrühren und bei mittlerer Hitze kochen lassen, bis das Gemüse gar ist ➟ heiß servieren.

✪✪✪✪✪✪✪✪✪✪

# Grüne Bohnen mit Kürbis

## Zutaten:

250g frische, grüne breite Bohnen, Spitzen und Stielansätze abschneiden und auch die Fäden zwischen Spitze und Stielansatz entfernen, dann vierteln, waschen und abtropfen lassen.
Man kann auch normale Bohnen verwenden
250 g Kürbisfruchtfleisch, in dünne Streifen schneiden oder würfeln
2 bis 3 Schinkenscheiben, in Würfel schneiden. Ersatzweise ca. 50 g Hackfleisch
1 rote Zwiebel, schälen und hacken
1 Knoblauchzehe, schälen und mit etwas Salz zerdrücken
1 Tomate, hacken
1 Teelöffel mildes Paprikapulver
1/2 Teelöffel „Unsere Gewürzmischung", siehe Seite 13
Salz
Öl

## So wird es gemacht:

☺ Bohnen in Salzwasser gar koche, in ein Sieb geben, abtropfen lassen und beiseitestellen.
☺ Etwas Öl in einer tiefen Pfanne erhitzen, Zwiebeln, Knoblauch, Tomaten, Gewürze und Salz dazugeben, gut vermengen und weich dünsten ➠ Schinkenwürfel oder Hackfleisch zu den Zwiebeln geben, untermengen und köcheln lassen, bis das Fleisch gar ist, dann Kürbis untermengen und dünsten, bis die Kürbiswürfel gar sind ➠ gekochte Bohnen untermen-

gen, abschmecken, kurz erhitzen und servieren.

✪✪✪✪✪✪✪✪✪✪

# Weiße Bohnen mit Kürbis und Spaghetti

## Zutaten:

116

1 Tasse weiße Bohnen, ca. 1 Stunde in Wasser einweichen
250 g Kürbisfruchtfleisch, in Würfel schneiden
1/2 Packung Spaghetti
1 großes Stück Kürbisfruchtfleisch, in Würfel schneiden
1 Karotte, Stielansatz abschneiden, schälen und in kleine Würfel schneiden
1 Gewürzwurst, in Scheiben schneiden. Ersatzweise 2 bis 3 Schinkenscheiben, würfeln
1 rote Zwiebel, schälen und hacken
1 bis 2 Knoblauchzehen, schälen und fein hacken oder mit etwas Salz zerdrücken
1 Teelöffel mildes Paprikapulver
Chilipulver, Menge nach Geschmack
1/4 Teelöffel Kreuzkümmelpulver
Salz und Pfeffer
Öl

## So wird es gemacht:

☺ Bohnen und 2 bis 3 Tassen Wasser ohne Salz in einen Topf geben und kochen lassen, bis sie weich sind. Inzwischen die restlichen Zutaten vorbereiten.

☺ Etwas Öl in einer tiefen Pfanne erhitzen, Zwiebeln dazugeben und glasig dünsten ➟ Knoblauch, Kürbis, Karotten,

Schinken oder Wurstscheiben, Gewürze und Salz zu den Zwiebeln geben, gut vermengen und dünsten, bis die Kürbiswürfel gar sind.

☺ Pfanneninhalt und Spaghetti zu den Bohnen geben und kochen lassen, bis die Spaghetti gar sind ➟ heiß servieren.

✪✪✪✪✪✪✪✪✪✪

# Linsen mit Speck

## Zutaten:

1 Tasse braune Linsen, waschen und abtropfen lassen
Ca. 100 g Speckstreifen, in kleine Würfel schneiden
1 große Tomate, hacken
2 bis 3 Lauchzwiebeln, Stielansätze abschneiden, die gewelkten Blätter entfernen, und hacken
2 lange milde Peperoni, Stielansätze abschneiden, der Länge nach halbieren, Samen entfernen und hacken. Ersatzweise Paprikaschote
1 Karotte, Stielansatz abschneiden, schälen und in kleine Würfel schneiden
2 bis 3 Esslöffel gehackte Petersilie
1 Esslöffel gehackter Koriander
1 Teelöffel mildes Paprikapulver
Prise Chilipulver
1/4 Teelöffel Kreuzkümmelpulver
Salz
Pfeffer

117

Vermerk:
Zum besseren Geschmack kann ein kleine Taroknolle verwendet werden:
Knolle schälen, in Streifen schneiden und dann würfeln.

## So wird es gemacht:

☺ Speckwürfel in einer tiefen Pfanne bei mittlerer Hitze fast knusprig braten ➟ die restlichen Zutaten (außer Linsen, Petersilie und Koriander) zum Speck geben, Gewürze und Salz dazugeben, gut vermengen und dünsten, bis das Gemüse fast weich ist ➟ Pfanne vom Herd nehmen und in einen Topf geben ➟ Linsen zum Gemüse geben, ca. 2 Tassen Wasser darüber geben und bei mittlerer Hitze kochen lassen, bis die Linsen gar sind ➟ Petersilie und Koriander untermengen, abschmecken und heiß servieren.

✪✪✪✪✪✪✪✪✪✪

# Gefüllte Peperoni mit Käse im Eimantel

## Zutaten:

5 bis 6 große, lange milde Peperoni
4 Eier
Ca. 250 g weißer Käse, zerbröseln
Mehl
Öl, zum Braten

## Zutaten für die Soße:

3 bis 4 Tomaten, vierteln
1 Zwiebel, schälen und hacken
2 bis 3 Knoblauchzehen, schälen und vierteln
1 Teelöffel „Unsere Gewürzmischung“, siehe Seite 13
Salz
Pfeffer
Öl

## So wird es gemacht:

☺ Soße herstellen:
Zwiebeln in Öl dünsten und in eine Küchenmaschine geben, dann die restlichen Zutaten für die Soße zu den Zwiebeln geben, 1 bis 1½ Tassen Wasser dazugeben und pürieren ➟ Ein Sieb über eine große, tiefe Pfanne halten, pürierte Soße in das Sieb geben, Pfanne zudecken und köcheln lassen. Inzwischen das Gericht fertigstellen.

☺ Die Peperoni kurz grillen (Abb. 119) oder in Alufolie wickeln und im Backofen bei 200°C für ca. 10 Minuten backen, damit sie weich werden, dann in eine Plastiktüte geben und kurz stehen lassen ➟ die Peperoni aus der Tüte nehmen und Haut entfernen, dann an nur einer Seite der Länge nach aufschneiden, Samen entfernen, mit Käse füllen und beiseitestellen.

☺ Eimasse herstellen:
Eigelb vom Eiweiß trennen (siehe Seite 95), Eiweiß in eine Küchenmaschine geben und rühren, bis die Masse fest wird ➟ Eigelb nach und

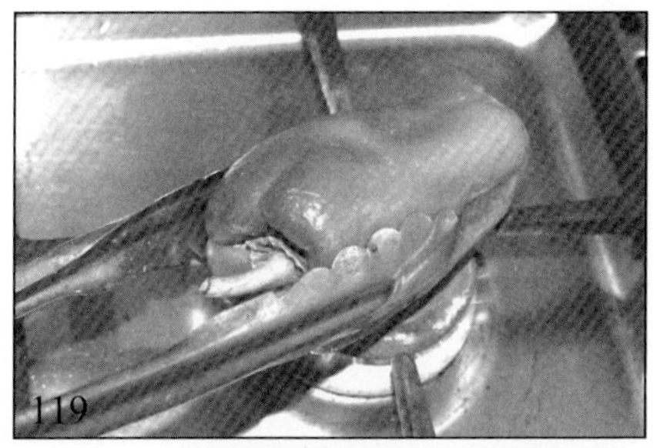
119

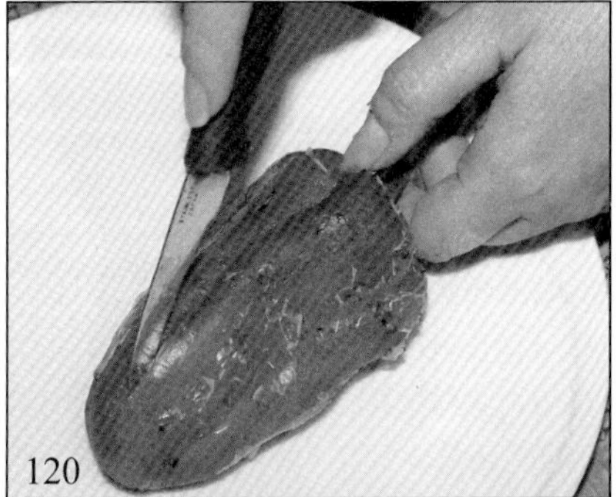
120

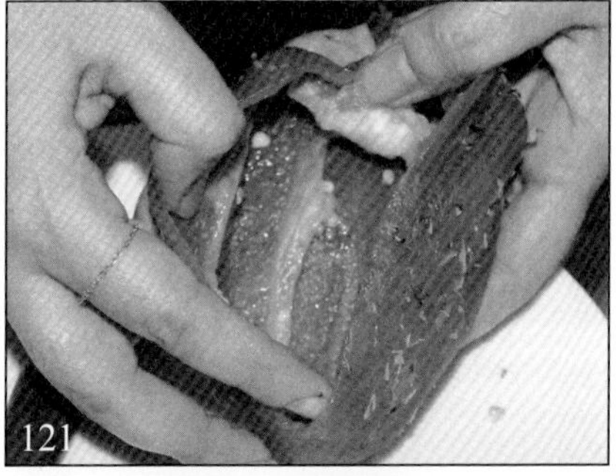
121

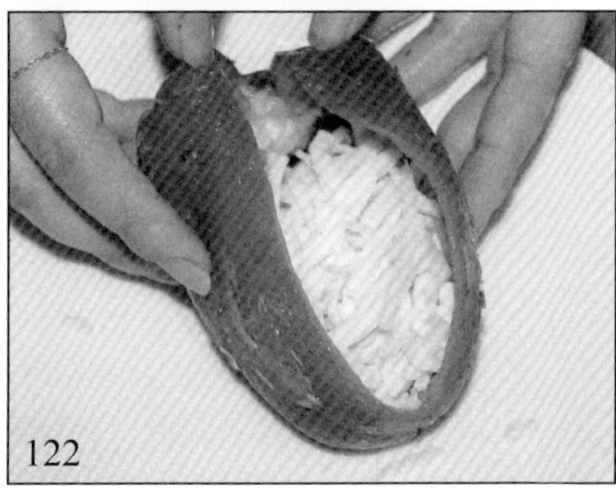
122

nach dazugeben und gut verrühren, 1 Esslöffel Mehl und etwas Salz darüber streuen, gut verrühren und beiseitestellen.
☺ Mehl auf einem Teller verteilen.
☺ Öl in einer tiefen Pfanne bei mittlerer Hitze erhitzen.

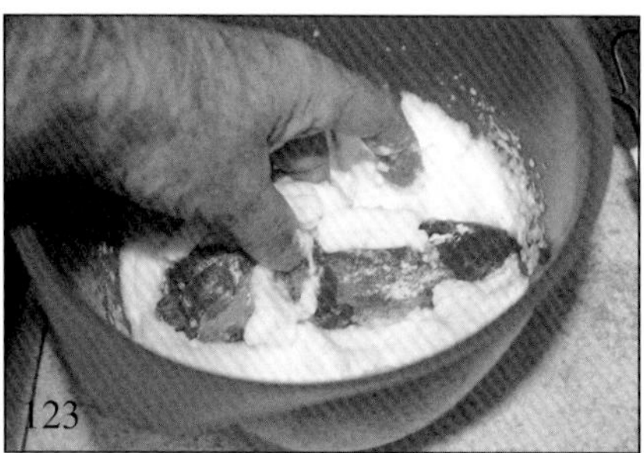
123

124

☺ Die gefüllten Peperoni zuerst in Mehl wälzen, dann in Eimasse tauchen, danach in das heiße Öl geben und rundherum goldbraun braten, aus der Pfanne nehmen und in die Soße geben ➡ wenn alle gefüllten Peperoni gebraten und in die Soße gelegt sind, Pfanne zudecken und ca. 15 bis 20 Minuten köcheln lassen ➡ heiß mit Reis servieren.

125

126

Vermerk:
Die Peperonischoten können auch mit Hackfleisch statt Käse gefüllt werden, dafür benötigt man folgende Zutaten:

Ca. 200 g Hackfleisch
1 Zwiebel, schälen und hacken
2 Esslöffel gehackte Petersilie
1 Tomate, hacken

1 Teelöffel mildes Paprikapulver
Prise Chilipulver (oder mehr)
Etwas Zitronensaft
Salz und Pfeffer
Öl

## So wird es gemacht:

Etwas Öl in einer Pfanne erhitzen, Tomaten und Zwiebeln dazugeben und weich dünsten, Hackfleisch, Paprikapulver, Chilipulver, Salz und Pfeffer dazugeben und braten, bis die Flüssigkeit verdampf und das Hack gar ist ➡ Petersilie untermengen, abschmecken, abkühlen lassen und dann die Peperonischoten damit füllen und wie im vorherigen Rezept weiter bearbeiten.

## Eiweiß vom Eigelb trennen:

Damit das Trenne ohne Probleme gelingt, kann wie folgt vorgegangen werden.

127

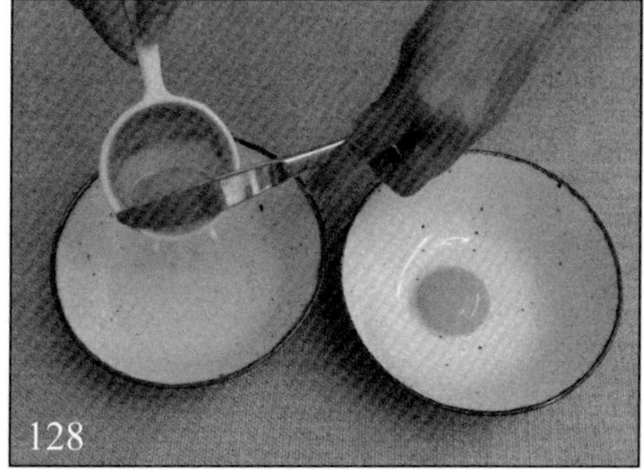
128

Ein Sieb über eine kleine Schale geben, Ei aufschlagen und in das Sieb geben, Eigelb mit einem Messer zurückhalten und das Eiweiß aus dem Sieb auslaufen lassen.

✪✪✪✪✪✪✪✪✪✪

# Geflügelgerichte

## Hähnchen in scharfer Soße

### Zutaten:

1 Hähnchen, zerlegen
1 Zwiebel, hacken
1 Zwiebel, schälen
1 bis 2 Knoblauchzehen, schälen
1 Karotte, Stielansatz abschneiden, schälen und in Würfel scheiden
1 lange milde Peperoni, Stielansatz abschneiden, der Länge halbieren, Samen entfernen und hacken
1 Chilischote, (Schärfe nach Geschmack), Stielansatz abschneiden und fein hacken
2 bis 3 Esslöffel gehackte Petersilie
2 Esslöffel gehackter Koriander
1 Teelöffel mildes Paprikapulver
1/4 Teelöffel Kreuzkümmelpulver
Je 1 Prise:
  Piment und Cayennepfeffer
Salz
Pfeffer
Öl
Tomatensaft

### So wird es gemacht:

☺ Hähnchenteile, Zwiebeln, Knoblauch und etwas Salz in einen Topf geben, mit Wasser bedecken und kochen lassen, bis das Fleisch gar ist ➟ Hähnchenteile aus dem Topf nehmen und abkühlen lassen ➟ Fleisch vom Knochen lösen, Haut entfernen und das Fleisch in Würfel schneiden.

☺ Etwas Öl in einer tiefen Pfanne erhitzen, Fleischwürfel

dazugeben und knusprig braten, aus der Pfanne nehmen und beiseitestellen ➡ die restlichen Zutaten (außer Tomatensaft) in die Pfanne geben, umrühren und weich dünsten ➡ ein paar Esslöffel Tomatensaft und Hähnchenwürfel dazugeben, gut vermengen, abschmecken, kurz erhitzen und servieren.

✪✪✪✪✪✪✪✪✪✪

# Grillhähnchen in Zitronenmarinade

## Zutaten:

1 Hähnchen, in Teile zerlegen, waschen und abtropfen lassen
Saft einer Orange, vorher Orangenschale reiben
1 Esslöffel Limettensaft
1 Teelöffel mildes Paprikapulver
1 Esslöffel getrockneter Oregano
1 bis 2 Teelöffel getrockneter Thymian
1 Knoblauchzehe, schälen und mit etwas Salz zerdrücken
2 bis 3 Esslöffel gehackter Koriander
Kleines Stück Chilischote, hacken
1 kleine Zwiebel, hacken
Salz und Pfeffer

## So wird es gemacht:

☺ Alle zutaten für die Marinade in eine große, verschließbare Schale oder eine Schüssel geben und gut vermengen ➡ Hähnchenteile in die Marinade geben und mit beiden Händen in der Marinade wälze, Schale verschließen und ca. 12 Stunden oder länger in den Kühlschrank stellen.

☺ Die eingelegten Hähnchenteile über Holzkohle grillen, zwischendurch mit Marinade bestreichen oder in eine feuerfeste Form geben, in den Backofen schieben (180°C) und goldbraun backen, danach mit Reis oder gekochten Kartoffeln und Salat servieren.

✪✪✪✪✪✪✪✪✪✪

# Hähnchenpott mit Gemüse

## Zutaten:

1 Hähnchen, in Teile zerlegen, waschen und abtropfen lassen
1 große Tomate, Haut abziehen, Samen entfernen und hacken, siehe Seite 24
1 bis 2 Tassen Tomatensaft
2 Karotten, Stielansätze abschneiden, schälen und in etwas dickere Scheiben schneiden
1/4 Tasse frische oder tiefgefrorene Erbsen
1 kleines Stück gewürfelter Kürbis
2 bis 3 Kartoffeln, schälen und vierteln
1 Paprikaschote, halbieren, Stielansatz und Samen entfernen, dann vierteln und in Würfel schneiden
1 rote Zwiebel, schälen und in Scheiben schneiden
1 Knoblauchzehe, schälen und mit etwas Salz zerdrücken
1 Teelöffel „Unsere Gewürzmischung", siehe Seite 13
Salz
Pfeffer
Öl

## So wird es gemacht:

☺ Etwas Öl in einer tiefen Pfanne mit Deckel erhitzen, Fleischstücke in die Pfanne geben und braten, bis sie Farbe annehmen ➡ Tomatensaft, Tomaten, Zwiebeln, Gewürze, Salz und Pfeffer dazugeben, umrühren und bei mittlerer Hitze kochen lassen, bis das Fleisch gar ist ➡ die restlichen Zutaten untermengen und köcheln lassen, bis das Gemüse gar ist ➡ heiß mit Reis und Salat servieren.

✪✪✪✪✪✪✪✪✪✪

# Gebackene Hähnchenkeulen

## Zutaten:

4 bis 6 Hähnchenkeulen, Haut anritzen
3 bis 4 große Kartoffeln, schälen und in etwas dickere Scheiben schneiden
1 große Zwiebel, schälen und in Scheiben schneiden
1 Knoblauchzehe, schälen und mit etwas Salz zerdrücken
1 bis 2 Esslöffel Sojasoße
1/2 Tasse Tomatensaft
Scharfe Chilisoße (Menge nach Geschmack)
1 Teelöffel mildes Paprikapulver
1/2 Teelöffel Kreuzkümmelpulver
Ein paar Esslöffel Weißwein
Öl
Salz
Pfeffer

## So wird es gemacht:

☺ Marinade herstellen:
Knoblauchpaste, Sojasoße, Tomatensaft, Chilisoße, Weißwein, Kreuzkümmel, etwas Öl, Salz und Pfeffer in eine große Schale geben und gut vermengen ➡ Hähnchenkeulen in die Marinade geben, mit beiden Händen gut vermengen, Schale zudecken und ca. 1 Stunde stehen lassen.

☺ Eine Auflaufform oder feuerfeste Form mit Kartoffelscheiben belegen, dann Zwiebelscheiben darauf geben, danach die eingelegten Hähnchenkeulen darauf verteilen, auch die restliche Marinade darauf geben ➡ ca. 1/2 Tasse Wasser darüber gießen ➡ Form mit Alufolie zudecken,

☺ Backofen auf 200°C vorheizen ➡ Auflaufform in den Backofen schieben und ca. 30 bis 40 Minuten backen ➡ Form aus dem Backofen nehmen, Alufolie entfernen und wieder für ca. 10 Minuten in den Backofen schieben und backen, bis die Keulen eine goldbraune Farbe annehmen ➟ heiß mit Reis und Salat servieren.

✪✪✪✪✪✪✪✪✪✪

# Variante 2

## Zutaten:

4 bis 6 Hähnchenkeulen
100 bis 150 g Joghurt
2 Tomaten, vierteln
1/2 Tasse Tomatensaft
3 bis 4 Kartoffeln, schälen und in Scheiben schneiden
2 Karotten, Stielansätze abschneiden, schälen und in dicke Scheiben schneiden
1 Zwiebel, schälen und grob hacken
1 Teelöffel mildes Paprikapulver
1 Teelöffel getrockneter Oregano
2 bis 3 Esslöffel gehackter frischer Koriander
Salz
Pfeffer
Olivenöl

## So wird es gemacht:

☺ Alle Zutaten (außer Hähnchenkeulen, Kartoffeln, Karotten und Zwiebeln) in eine Schale geben und gut vermengen.
☺ Hähnchenkeulen in eine Schale geben, Marinade darüber geben und gut vermengen, Schale zudecken und im Kühlschrank für ca. 1 Stunde stehen lassen.
☺ Backofen auf 200°C vorheizen.
☺ Kartoffelscheiben in einer Auflaufform verteilen, Zwiebeln und Karotten darauf legen, Hähnchenkeulen mit Marinade darauf legen, Form mit Alufolie zudecken ➟ Auflaufform in den Backofen schieben und ca. 30 bis 40 Minuten backen ➟ Form aus dem Backofen nehmen, Alufolie entfernen und

wieder für ca. 10 Minuten in den Backofen schieben und backen, bis die Keulen goldbraune Farbe annehmen ➡ heiß mit Reis und Salat servieren.

✪✪✪✪✪✪✪✪✪✪

# Hähnchentopf

## Zutaten:

1 Hähnchen, in Teile zerlegen. Man kann auch nur Brust und Keulen verwenden
1 Maiskolben, in 4 Scheiben schneiden
2 bis 3 große Kartoffeln, schälen und vierteln
Stück Kürbis (ca. 100 g oder mehr), in große Würfel schneiden
2 Karotten, Stielansätze abschneiden, schälen und in Scheiben schneiden
2 lange milde Peperoni, Stielansätze abschneiden, der Länge nach halbieren, Samen entfernen und in größere Stücke schneiden
Handvoll grüne Bohnen, Stielansätze und Spitzen abschneiden und vierteln
1 Zwiebel, schälen und hacken
1 bis 2 Knoblauchzehen, schälen und mit etwas Salz zerdrücken
2 Esslöffel gehackter frischer Koriander
1 bis 2 Esslöffel gehackte frische Petersilie
1 Teelöffel getrockneter Oregano
1 Teelöffel getrockneter Thymian
1 Teelöffel mildes Paprikapulver
Prise Chilipulver
Salz
Pfeffer
Öl

## So wird es gemacht:

☺ Etwas Öl in einen Topf geben und erhitzen ➟ Hähnchenteile in das heiße Öl geben und von allen Seiten braten, bis sie Farbe annehmen, Zwiebeln und Knoblauchpaste dazugeben und kurz dünsten ➟ Maiskolben dazugeben, mit Wasser bedecken, Gewürze, Salz und Pfeffer darüber geben, umrühren, Topf zudecken und kochen lassen, bis das Fleisch fast gar ist ➟ Gemüse zum Hähnchenfleisch geben, untermengen und köcheln lassen, bis das Gemüse gar ist ➟ abschmecken heiß mit Reis servieren.

Vermerk:

Man kann auch andere Gemüsesorten verwenden und mit Sahne verfeinern.

✪✪✪✪✪✪✪✪✪✪

# Gefüllte Hähnchenbrust

## Zutaten:

4 Hähnchenbrüste ohne haut

1 Kartoffel, schälen und in Scheiben schneiden, nicht so dick

## Zutaten für die Füllung:

1 kleine Karotte, Stielansatz abschneiden, schälen und in kleine Würfel schneiden

2 bis 3 Lauchzwiebeln, Stielansätze abschneiden, gewelkte Blätter entfernen und hacken

4 Scheiben Kochschinken, würfeln

4 Scheiben Schmelzkäse, würfeln oder geriebenen Käse verwenden

1/2 Teelöffel Paprikapulver

Salz

Pfeffer

Öl

## So wird es gemacht:

☺ Hähnchenbrüste von einer Seite mit einem scharfen Messer quer einschneiden, sodass eine Tasche entsteht, das Innere der Tasche mit Salz, Pfeffer und Paprikapulver bestreuen.

☺ Kartoffelscheiben auf eine feuerfeste Backform geben und den Boden damit bedecken.

☺ Füllung vorbereiten:
Etwas Öl in einer Pfanne erhitzen ➡ Lauchzwiebeln, Kochschinken, Karotten, Paprikapulver, Salz und Pfeffer in das heiße Öl geben und dünsten, bis die Karotten weich sind, Pfanne vom Herd nehmen und abkühlen lassen.

☺ Backofen auf 180°C vorheizen.

☺ Geriebenen Käse oder Käsewürfel zur Füllung geben und gut vermengen, dann die Hähnchenbrüste damit füllen ➡ etwas Öl auf die Kartoffeln träufeln, gefüllte Brust darauf geben, Backform mit Alufolie zudecken und im Backofen für ca. 20 Minuten backen, Alufolie entfernen und weitere 10 Minuten backen, bis die Oberfläche eine goldbraune Farbe bekommt.

✪✪✪✪✪✪✪✪✪✪

# Variante 2, mit Tomatensaft

## Zutaten:

4 Hähnchenbrüste
1 bis 1½ Tassen Tomatensaft
1 Zwiebel, hacken
Geriebener Käse
1 lang milde Peperoni, Stielansatz abschneiden, der Länge nach halbieren, Samen entfernen und hacken
1/2 Teelöffel mildes Paprikapulver
Salz und Pfeffer
Prise Chilipulver
Öl

## So wird es gemacht:

☺ Hähnchenbrüste an einer Seite quer einschneiden und von innen und außen mit Salz, Pfeffer und Paprikapulver bestreuen ➟ etwas Öl in einer Pfanne erhitzen, Hähnchenfleisch in das heiße Öl geben und von beiden Seiten braten, bis sie Farbe annehmen, aus der Pfanne nehmen und in eine Auflaufform geben.
☺ Backofen auf 180°C vorheizen.
☺ In derselben Pfanne Zwiebeln und Peperoniwürfel weich dünsten, Tomatensaft dazugeben, gut vermengen und mit Gewürzen abschmecken, den Pfanneninhalt über die Hähnchenbrüste geben, geriebenen Käse darauf verteilen und im Backofen ca. 20 Minuten backen.

✪✪✪✪✪✪✪✪✪✪

# Gefülltes Hähnchen

## Zutaten:

1 Hähnchen
2 bis 3 Kartoffeln, schälen und in nicht so große Würfel schneiden
250 g Rinderhack
25 g Mandeln, hacken
25 g Pinienkerne
1 Paprikaschote, halbieren, Stielansatz und Samen entfernen und in kleine Würfel schneiden
1 Tomate, waschen und hacken
1 Esslöffel gehackter Koriander
1 Esslöffel gehackte Petersilie
1 Zwiebel, in Scheiben schneiden
1 bis 2 Knoblauchzehen, schälen und mit etwas Salz zerdrücken
Öl
Butter
1 Teelöffel mildes Paprikapulver

Salz
Pfeffer

## So wird es gemacht:

☺ Kartoffelwürfel in eine Auflaufform legen, mit etwa Salz und Pfeffer bestreuen und gut vermengen, ein paar Tropfen Öl darauf geben, dann die Zwiebelscheiben darauf schichten.
☺ Etwas Butter und Knoblauchpaste in eine kleine Schale geben und gut vermengen, dann das Hähnchen von außen damit reiben.
☺ Etwas Öl in einer Pfanne erhitzen, Hackfleisch dazugeben und braten, bis sie Farbe annehmen, Paprikaschote, Tomaten, Mandeln, Pinienkerne, Koriander, Petersilie, Paprikapulver, Salz und Pfeffer dazugeben und dünsten, bis die Paprikaschote weich ist ➠ Topf vom Herd nehmen und abkühlen lassen, dann das Hähnchen damit füllen und die Öffnung mit Faden und Nadel oder mit kleinen Metallstäben schließen und in die Auflaufform geben.
☺ Backofen auf 180°C vorheizen.
☺ Auflaufform in den Backofen schieben und ca. 1 Stunde goldbraun backen.

✪✪✪✪✪✪✪✪✪✪

# Marinierte Hähnchenkeulen auf Kartoffelbett

## Zutaten:

4 Hähnchenkeulen, Haut mit einem scharfen Messer anritzen
1 große Zwiebel, schälen und in dünne Scheiben schneiden
3 Kartoffeln, schälen und in Scheiben schneiden
2 bis 3 Tomaten, in Scheiben schneiden

## Zutaten für die Marinade:

1 kleiner Becher Joghurt
1 bis 2 Knoblauchzehen, schälen und mit etwas Salz zerdrücken
1/2 Teelöffel mildes Paprikapulver
1/2 Teelöffel Kreuzkümmelpulver
Prise Chilipulver
1 Teelöffel getrockneter Thymian
1 bis 2 Esslöffel Zitronensaft
Salz
Pfeffer
ÖL

## So wird es gemacht:

☺ Marinade vorbereiten:
Alle Zutaten für die Marinade in eine große Schale geben und gut vermengen.
☺ Hähnchenkeulen in die Marinade geben und gut wälzen ➟ Schale zudecken und im Kühlschrank über Nacht stehen lassen.
☺ Backofen auf 200°C vorheizen.
☺ Etwas Öl auf ein Backblech geben und den Boden damit bepinseln ➟ Kartoffeln, Zwiebeln und Tomaten darauf

schichten, dann die Hähnchenkeulen mit Marinade darauf legen, Backblech mit Alufolie bedecken und im Backofen für ca. 40 Minuten backen ➠ Backtemperatur auf 180°C stellen ➠ Alufolie vom Backblech entfernen und weitere 40 bis 45 Minuten backen, bis die Keulen knusprig sind.

✪✪✪✪✪✪✪✪✪✪

# Fischgerichte

## Krebse in Sahnesoße

### Zutaten:

3 Krebse, kochen
3 alte Brötchen, zerbröseln
1 Zwiebel, schälen und fein hacken
1 bis 2 Knoblauchzehen, schälen und fein hacken
100 g geriebener Käse, Sorte nach Belieben
Ein paar Esslöffel geriebener Parmesankäse
1 Tasse Milch
1/2 Becher Sahne
Je 1/2 Teelöffel:
  mildes Paprikapulver
  getrockneter Koriander
  Kreuzkümmelpulver
Salz
Pfeffer
Olivenöl

### So wird es gemacht:

☺ Krebspanzer und Scheren aufbrechen und das Fleisch rausziehen und beiseitestellen.

☺ In einer tiefen Pfanne Öl erhitzen und die Zwiebeln glasig dünsten, Knoblauchpaste dazugeben und kurz dünsten ➟ Brotbrösel, Gewürze, Salz und Pfeffer zu den Zwiebeln geben und bei schwacher Hitze ca. 1 Minute dünsten ➟ Milch darüber gießen, umrühren und erhitzen ➟ Sahne und Käse untermengen und rühren, bis der Käse geschmolzen ist ➟ Fleischstücke dazugeben und rühren, dann den Pfanneninhalt in eine Auflaufform geben.

☺ Backofen auf 180°C vorheizen.

☺ Auflaufform in den Backofen schieben und ca. 10 bis 15 Minuten backen, bis die Oberfläche eine goldbraune Farbe annimmt.

✪✪✪✪✪✪✪✪✪✪

# Fischbrühe

## Zutaten:

130

Ein paar Fischköpfe und –schwänze
Salz
1 kleine Zwiebel, schälen und vierteln

## So wird es gemacht:

☺ Fischköpfe und -schwänze, Zwiebeln und Salz in einen Topf geben, 1 bis 1,5 Liter Wasser darüber geben und ca. 10 Minuten brodeln lassen ➟ ein Sieb über eine Schale geben, Fischbrühe durch das Sieb geben ➟ Brühe beiseitestellen.

✪✪✪✪✪✪✪✪✪✪

# Gebackener Lachs

## Zutaten:

1 Kg Lachsfilets (4 Stücke)
1 große Tomate, in dünne Scheiben schneiden
1 rote Zwiebel, schälen und in dünne Scheiben schneiden
1-2 Schmelzkäsescheiben pro Lachsfilet
2 Würstchen, in Streifen oder Ringe schneiden
Weißwein
Salz
Pfeffer
Öl

## So wird es gemacht:

☺ Backofen auf 180°C vorheizen.
☺ Ein Backblech mit etwas Öl bestreichen ➠ Lachsstücke auf das Backblech legen und mit Salz und Pfeffer bestreut, dann Tomatenscheiben, Zwiebeln und Wurst auf die Lachsstücke geben, mit Weißwein beträufeln und mit Käsescheiben bedecken ➠ Backblech in den Backofen schieben und ca. 15 Minuten backen.

# Gebackener Lachs in Alufolie

☺ Dies ist das gleiche Rezept wie oben. Hier werden die Lachsfilets allerdings einzeln auf ein Stück Alufolie gelegt, dann die restlichen Zutaten darauf geben, Alufolie rundum fest zusammenpressen, damit die Flüssigkeit in der Folie bleibt, in den vorgeheizten Backofen schieben und 15 Minuten backen.

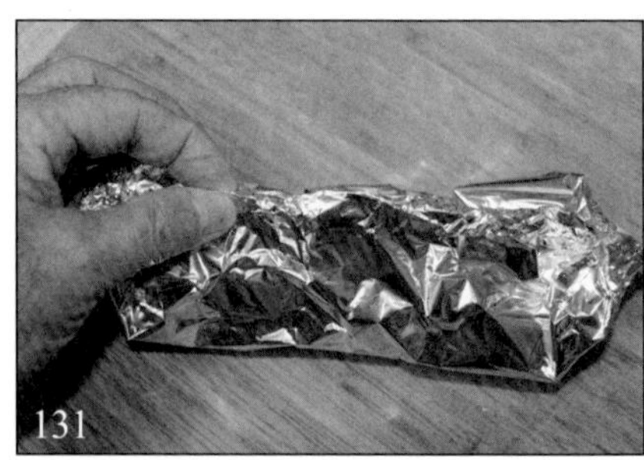
131

✪✪✪✪✪✪✪✪✪✪

# Aal Eintopf

## Zutaten:

1 Aal, säubern und in 4 Teile schneiden. Mit dem Aalkopf und 5 bis 6 Tassen Wasser Brühe kochen, in ein Sieb geben, in einer Schale auffangen und beiseitestellen
1 große Karotte, Stielansatz abschneiden, schälen und in kleine Würfel schneiden
1 lange milde Peperoni, Stielansatz abschneiden, der Länge nach halbieren Samen entfernen und hacken
1 kleine Chilischote, Stielansatz abschneiden und hacken. Ersatzweise Tabasco, Menge nach Geschmack
1 große Zwiebel, schälen und hacken
2 bis 3 Knoblauchzehen, schälen und fein hacken
2 Tomaten, Haut abziehen und hacken, siehe Seite 24
2 bis 3 große Kartoffeln, schälen und vierteln
Zitronensaft
1 Teelöffel mildes Paprikapulver
1 Teelöffel getrockneter Oregano
1 bis 2 Esslöffel gehackter frischer Koriander
Salz
Pfeffer
1/2 Tasse Weißwein
Sahne
Öl

## So wird es gemacht:

☺ Aalstücke in eine Schale geben, mit Zitronensaft beträufeln, Schale zudecken und für ein paar Stunden im Kühlschrank aufbewahren.

☺ Etwas Öl in einer tiefen Pfanne oder einem Topf erhitzen ➟ Zwiebeln, Karotten, Knoblauch, Peperoni, Salz und Pfeffer in das heiße Öl geben und weich dünsten, Tomaten untermengen, Gewürze und gehackten Chili oder Tabasco dazugeben und gut vermengen, dann ein paar Minuten dünsten ➟ Fischbrühe und Wein darüber gießen und zum Kochen bringen, dann Kochtemperatur auf mittlere Hitze stellen ➟ Kartoffeln, Koriander und Aalstücke in den Topf geben, Topf zudecken und kochen lassen, bis die Kartoffeln und die Aalstücke gar sind ➟ das Gericht mit etwas Sahne, Salz und Pfeffer abschmecken und servieren.

✪✪✪✪✪✪✪✪✪✪

# Gebackene Flunder

## Zutaten:

1 Flunder, die Haut von beiden Seiten mit einem scharfen Messer anritzen
2 bis 3 Knoblauchzehen, schälen und mit etwas Salz zerdrücken
1 Teelöffel getrockneter Oregano
1/2 Bund Petersilie
Weiche Butter
Sahne
Salz
Pfeffer

## So wird es gemacht:

☺ Backofen auf 180°C vorheizen.
☺ Etwas Öl in eine kleine Schale geben, dann Salz, Pfeffer, Oregano und Knoblauchpaste dazugeben und gut verrühren.
☺ Ein größeres Stück Alufolie mit Öl bepinseln und den Fisch darauf legen ➟ den Fisch von innen und außen mit Ölmischung bestreichen, Petersilie in den Fisch geben, dann etwas Butter auf dem Fisch verteilen, Einige Tropfen Sahne darüber geben, Alufolie rundum fest zusammenpressen, damit keine Flüssigkeit auslaufen kann (siehe Seite 110, Abb. 131) ➟ Alufolie in den Backofen schieben und ca. 15 Minuten backen.

✪✪✪✪✪✪✪✪✪✪

# Fischfilets auf Zwiebelbett

## Zutaten:

4 Fischfilets, Sorte nach Belieben
2 große Zwiebeln, schälen und in dünne Scheiben schneiden
2 große Tomaten, in dünne Scheiben schneiden
2 bis 3 Esslöffel grob gehackter frischer Koriander
1 Paprikaschote, halbieren, Stielansatz und Samen entfernen und hacken
1 Teelöffel getrockneter Oregano
1 Teelöffel mildes Paprikapulver
Salz
Pfeffer
Öl

## So wird es gemacht:

☺ Backofen auf 180°C vorheizen.

☺ Alle Zutaten, außer Fischfilets, in eine Schale geben und gut vermengen.

☺ Eine Auflaufform oder ein Backblech mit etwas Öl bepinseln ➟ eine Schicht Zwiebelscheiben darauf geben, dann mit Tomaten bedecken und die restlichen Zwiebelscheiben und gehackte Paprikaschote darauf schichten ➟ Fischfilets darauf geben, mit Salz bestreuen, in den Backofen schieben und ca. 15 Minuten backen ➟ heiß mit Reis oder gekochten Kartoffeln servieren.

✪✪✪✪✪✪✪✪✪✪

# Seebarsch in Weinsoße

## Zutaten:

2 mittelgroße Seebarsche, Köpfe und Schwänze abschneiden, vierteln und waschen
4 Kartoffeln, schälen und vierteln
1 Bund Lauchzwiebeln, Stielansätze abschneiden, gewelkte Blätter entfernen und hacken
2 bis 3 Knoblauchzehen, schälen und fein hacken
1 große Tomate, Haut abziehen und hacken, siehe Seite 24
1 Teelöffel getrockneter Oregano
1/2 Teelöffel mildes Paprikapulver
Salz
Pfeffer
Öl
Butter
3/4 Tasse Weißwein

## So wird es gemacht:

☺ Backofen auf 180°C vorheizen.
☺ Fische mit Salz und Pfeffer von innen und außen bestreuen und in eine Auflaufform oder auf ein Backblech legen ➟ Kartoffeln, Tomaten und Lauchzwiebeln rund um die Fischstücke geben.
☺ Oregano, Paprikapulver, etwas Öl, Salz und Pfeffer zum Wein geben und rühren, dann über die Fischstücke und die Kartoffeln gießen ➟ ein paar Butterflocken auf den Fischstücken verteilen ➟ Auflaufform in den Backofen schieben und 15 bis 20 Minuten backen.

✪✪✪✪✪✪✪✪✪✪

# Fischfilets mit Zitronensoße

## Zutaten:

4 Fischfilets, Fischsorte nach Belieben
Etwas Öl zum Braten
Ca. 50 g Butter
1 Esslöffel Mehl
Saft von 2 Zitronen

## So wird es gemacht:

☺ Fischfilets salzen und pfeffern und mit etwas Öl in einer großen Pfanne von beiden Seiten braten, aus der Pfanne nehmen und warm halten.

☺ In derselben Pfanne Butter schmelzen lassen, Mehl dazugeben und rühren, bis das Mehl in der Butter aufgelöst ist und ein paar Minuten kochen lassen ➟ zuerst etwas Zitronensaft dazugeben, umrühren und köcheln lassen, eventuell mehr Zitronensaft dazugeben, falls die Soße nicht zitronig genug ist ➟ salzen.

☺ Die heiße Soße auf die Fischfilets geben und sofort servieren.

✪✪✪✪✪✪✪✪✪✪

# Gebackene Fischfilets mit Senfsoße

## Zutaten:

4 Fischfilets, Sorte nach Belieben
2 Esslöffel Senf
50 bis 60 g Butter
Zitronensaft
1 Esslöffel gehackte Petersilienblätter
Salz
Pfeffer
Öl

## So wird es gemacht:

☺ Backofen auf 180°C vorheizen.
☺ Ein Backblech mit Backpapier belegen, Fischfilets darauf geben, von beiden Seiten zuerst mit Öl bepinseln, dann salzen und pfeffern.
☺ Senf in eine klein Schale geben, Butter dazugeben und mit einer Gabel gut vermengen, dann Petersilie untermengen und mit Zitronensaft abschmecken ➡ Backblech in den Backofen schieben und für ca. 10 Minuten backen.
Gebackene Fischfilets können mit Salat und gebratenen Kartoffeln serviert werden.

✪✪✪✪✪✪✪✪✪✪

# Kalamares in Tomatensoße

## Zutaten:

500 g Kalamares, gründlich waschen
1 Tasse Weißwein
1 Tasse Tomatensaft
2 bis 3 Knoblauchzehen, schälen und fein hacken
1 rote Zwiebel, schälen und in kleine Würfel schneiden
1 lange milde Peperoni, Stielansatz abschneiden, der Länge nach halbieren, Samen entfernen und in kleine Würfel schneiden
1 Teelöffel mildes Paprikapulver
1 Teelöffel getrockneter Thymian
Prise Chilipulver
Salz
Pfeffer
Öl

## So wird es gemacht:

☺ Kalamares in Scheiben schneiden, waschen und abtropfen lassen.

☺ Öl in einem Topf erhitzen, Zwiebeln dazugeben und glasig dünsten, dann Knoblauch und gewürfelte Peperoni dazugeben und kurz dünsten ➙ Kalamares dazugeben, gut vermengen und braten, bis sie Farbe annehmen, dann Paprikapulver, Thymian, Chilipulver, Salz und Pfeffer dazugeben und gut vermengen ➙ Wein darüber gießen und zum Kochen bringen, dabei umrühren, dann Tomatensaft und etwas dazugeben und rühren, Topf zudecken und kochen lassen, bis das Fleisch gar ist.

# Brot und Teigspeisen

## Kürbisbrot
### Sopaipillas

**Zutaten:**

150 g Kürbisfruchtfleisch, würfeln
3 Tassen Mehl, sieben
1 Tüte trockene Hefe
1/2 Tasse zerlassene Butter oder Margarine
1 Teelöffel Salz
Öl, zum Braten

**So wird es gemacht:**

☺ Kürbisfruchtfleisch in Salzwasser gar kochen, mit einem Schaumlöffel aus dem Topf nehmen und abkühlen lassen. Kochflüssigkeit aufbewahren,

☺ Mehl, trockene Hefe und Salz in eine große Schale geben und gut vermengen ➟ gekochten Kürbis zum Mehl geben und gut verkneten, zerlassene Butter oder Margarine dazugeben und zu einem Teig verkneten. Falls der Teig sehr dick ist, etwas Kochwasser dazugeben und kneten ➟ Teig zudecken und 1 Stunde stehen lassen.

☺ Teig noch mal kneten, zu einer Rolle formen, dann in kleine Teile scheiden, danach zu Kugeln formen, flach rollen und mit dem Finger ein Loch in die Mitte stechen.

☺ Öl in einer tiefen Pfanne erhitzen, Teigfladen im heißen Öl goldbraun braten, aus dem Öl nehmen, auf Küchenpapier legen, damit das überschüssige Öl entfernt wird und servieren.

✪✪✪✪✪✪✪✪✪✪

# Kürbisbrot in Sirup

Nach Fertigstellung der Brote kann man diese in Zuckersirup tauchen und servieren.

## Zutaten:

Fertig gebratene Kürbisbrote, siehe vorheriges Rezept
1 Tasse Rohrzucker oder brauner Zucker
1 Tasse Wasser
1 Zimtstange
Orangenschale

## So wird es gemacht:

☺ Zucker und Wasser in einen Topf geben und rühren, dabei erhitzen, Zimt und Orangenschale dazugeben und brodeln lassen, bis die Masse dickflüssig wird ➟ Topf vom Herd nehmen ➟ Kürbisbrote in den Sirup tauchen, ein paar Minuten stehen lassen, dann mit einem Schaumlöffel aus dem Sirup nehmen und servieren.

✪✪✪✪✪✪✪✪✪✪

# Brötchen

## Zutaten:

500 g Mehl, sieben
1 Päckchen trockene Hefe
1 bis 2 Esslöffel Butter
Salz
Prise Zucker
Etwas Milch
Wasser

## So wird es gemacht:

☺ Mehl, zerlassene Butter, ca. 1 Teelöffel Salz und 1 Prise Zucker in eine Schale geben und gut vermengen, etwas Milch und Wasser nach und nach dazugeben und gut verkneten ➠ Teig zudecken und ca. 1 Stunde stehen lassen

☺ Backofen auf 180°C vorheizen.

☺ Den Teig noch mal kneten, zu einer länglichen Rolle formen und daraus kleine Stücke schneiden, danach zu Kugeln formen und flach ausrollen (nicht so dünn) ➠ Ein Backblech mit Backpapier belegen, den ausgerollten Teig darauf legen, in den Backofen schieben und ca. 15 bis 20 Minuten goldbraun backen.

Vermerk:

Bevor man die Fladen in den Backofen schiebt, kann man 1 Esslöffel Zucker in etwas Wasser auflösen und die Oberfläche der Fladen damit bepinseln

✪✪✪✪✪✪✪✪✪✪

# Brauner Kuchen mit Früchten

## Zutaten:

2½ Tassen Mehl, sieben
1½ Tassen brauner Zucker
1 Teelöffel Backpulver
3 Eier, aufschlagen und verrühren
Vanilleessenz, Menge nach Geschmack
1 Tasse kandierte Früchte
Ein paar Nüsse, grob hacken
1 bis 2 Esslöffel Rosinen ohne Kerne
250 g zerlassene Butter
1/2 Teelöffel Zimtpulver
1/2 Teelöffel Anispulver
1/4 Teelöffel Nelkenpulver
Schuss Rum

## So wird es gemacht:

☺ Nüsse, Rosinen und kandierte Früchte in eine Schale geben, einen Schuss Rum darüber geben, umrühren und beiseitestellen.

☺ Mehl, Backpulver, Zimt, Anis, Nelken und Zucker in eine große Schale geben und gut vermengen, dann zerlassene Butter dazugeben und gut verkneten ➟ Früchte mit dem Teig verkneten.

☺ Backofen auf 180°C vorheizen.

☺ Eine Kuchenform mit Butter bepinseln, Kuchenteig in die Form geben und im Backofen für ca. 1 Stunde backen ➟ Form aus dem Backofen nehmen, abkühlen lassen, dann umdrehen, damit der Kuchen aus der Form kommt.

Vermerk:

Man kann den Teig auch in Donut- oder Muffinformen füllen.

✪✪✪✪✪✪✪✪✪✪

# Kürbisringe in Sirup

## Zutaten:

Ca. 200 bis 250 g Kürbisfruchtfleisch, am besten Butterkürbis, in Würfel schneiden
2 Tassen Mehl
1/2 Tasse Zucker
1 Tasse brauner Zucker
1 Päckchen trockene Hefe
1 Stück Zimt
Ein paar Nelken
1/2 Teelöffel Anis
Prise Salz
Orangenschale
Öl, zum Braten

## So wird es gemacht:

☺ Kürbiswürfel in einen Topf geben, mir Wasser bedecken und kochen lassen, bis sie sehr weich sind ➡ ein Sieb auf eine Schale stellen, gekochten Kürbis in das Sieb geben und abtropfen lassen ➡ Kochwasser aufbewahren ➡ den gekochten Kürbis pürieren.

☺ Mehl, 1/2 Tasse Zucker, Hefe, Anispulver und Kürbispüree in eine Schale geben und gut verkneten (wie Brotteig), falls der Teig sehr dickflüssig ist, etwas Kochwasser dazugeben ➡ Schale zudecken und ca. 2 Stunden stehen lassen.

☺ Reichlich Öl in einer tiefen Pfanne erhitzen.

☺ Teig noch mal kneten, dann etwas Teig nehmen und zwischen den Handflächen zu einer Kugel formen, dann flach drücken und mit dem Daumen ein Loch durchstechen, Dabei den Ring drehen, in das heiße Öl geben und von beiden Seiten goldbraun braten, mir einem Schaumlöffel aus der Pfanne nehmen und auf Küchenpapier geben, damit das überschüssige Öl entfernt wird, dann in Sirup tauchen, rausnehmen und servieren.

## Sirup herstellen:

☺ 2 Tassen Wasser, Orangenschale, Zimt, Nelken und Anis in einen Topf geben und zum Kochen bringen.

☺ 1 Tasse braunen Zucker in einen Topf geben und köcheln lassen, bis der Zucker anfängt zu schmelzen und seine Farbe dunkler wird, dann vorsichtig das kochende Wasser dazugeben und rühren, köcheln lassen bis die Masse dickflüssig wird ➡ Nelken, Orangenschale und Zimt entfernen.

☺ Zuckersirup über die Kürbisringe gießen oder die Kürbisringe kurz in den Sirup tauchen und servieren.

✿✿✿✿✿✿✿✿✿✿

# Gebratene Teigstreifen

## Calzones Rotos

Gebratene Teigstreifen sind in vielen Ländern bekannt.

## Zutaten:

1 bis 1½ Tassen Mehl, sieben
2 Eier, aufschlagen, in eine Schale geben und verrühren
1 Tasse Zucker
1/2 Teelöffel Backpulver
Etwas geriebene Orangenschale
100 g zerlassene Butter oder Margarine
Puderzucker

## So wird es gemacht:

☺ Zerlassene Butter oder Margarine und Zucker in eine große Schale geben und rühren ➡ Mehl, Eier, Backpulver und geriebene Orangenschale zur Butter geben und gut verkneten, Wasser nach und nach dazugeben und weiter kneten, bis der Teig fest wird.

☺ Teig zu einer Rolle formen und auf einer bemehlten Arbeitsfläche zu einem flachen Fladen rollen ➡ mit einem Messer Streifen von ca. 3 bis 4 cm Breite schneiden, dann die

Streifen in ca. 5 cm große Stücke schneiden und formen.

☺ Teig formen:

Teig flach ausrollen und in ca. 3 bis 4 cm lange Streifen schneiden, dann die Streifen in ca. 4 bis 5 cm große Stücke schneiden und jedes Stück in der Mitte anschneiden, jetzt schiebt man ein Ende durch den Schlitz (Abb. 133) und zieht es gerade (Abb. 134).

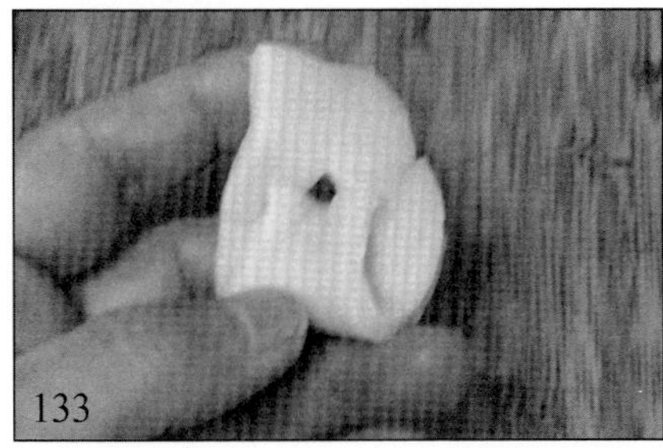
133

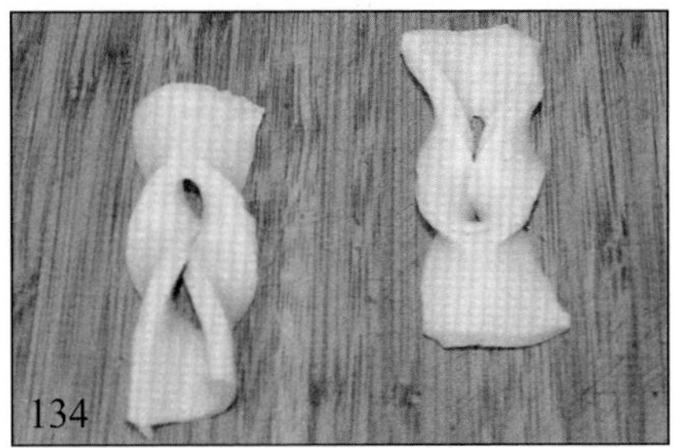
134

☺ Reichlich Öl in einer tiefen Panne erhitzen, die geformten Streifen im heißen Öl knusprig braten, mit einem Schaumlöffel aus der Pfanne nehmen und auf Küchenpapier legen, damit das überschüssige Öl entfernt wird ➟ gebratene Streifen auf einen Teller geben, mir Puderzucker bestreuen und servieren.

Vermerk:

Der Teig kann auch auf andere Weise geformt werden.

Statt Puderzucker kann auch Zuckersirup darauf verteilt werden.

135

136

# Eischnee mit Pudding

## Zutaten:

3 Eier, Eiweiß vom Eigelb trennen, siehe Seite 95
1 Liter Milch
150 g Zucker
2 bis 3 Esslöffel Mehlstärke
1 bis 2 Teelöffel Kakaopulver
Zimtstange
Zimtpulver

## So wird es gemacht:

☺ Eiweiß und 1 Esslöffel Zucker in eine Schale geben, mit der Küchenmaschine steif schlagen und beiseitestellen.

137

138

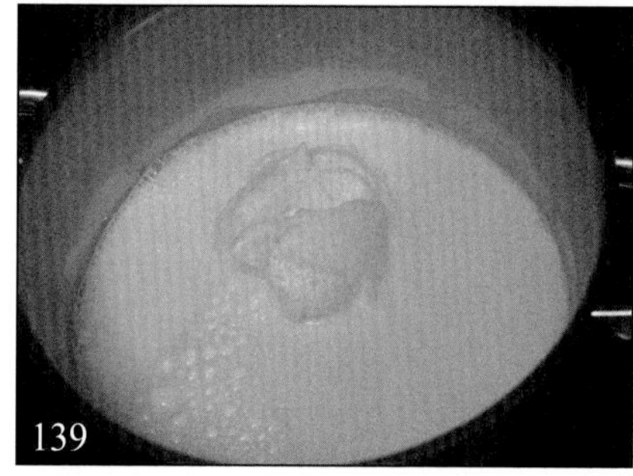
139

☺ Milch, Zucker und Zimtstange in einen Topf geben und erhitzen, NICHT brodeln lassen, Eischnee löffelweise in die heiße Milch geben (der Eischnee schwimmt auf der Milch) und ein paar Minuten kochen, damit er fest wird, mit einem Schaumlöffel aus der Milch nehmen und auf einen Teller oder eine flache Glasschale geben.

140

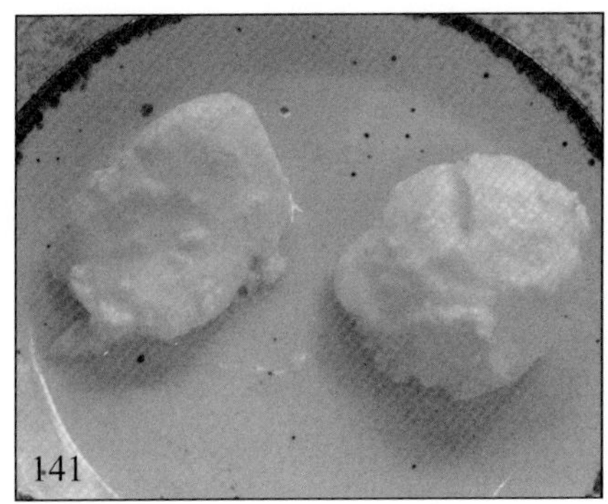
141

☺ Milch (ca. 1/2 Tasse) aus dem Topf nehmen und in eine Schale geben, Eigelb und Kakaopulver dazugeben und gut verrühren, dann Mehlstärke dazugeben und weiter rühren, bis alles aufgelöst ist ➟ Eigelbmasse in die heiße Milch geben, dabei rühren, bis der Topfinhalt fest ist ➟ Pudding in Servierschalen geben, Eischneekugeln darauf geben, mit Zimtpulver bestreuen und servieren.

142

✪✪✪✪✪✪✪✪✪✪

# Jamaikanische Küche

## Neue und traditionelle jamaikanische und karibische Kochrezepte

ISBN 978-3-927459-68-7